AUS DEM BAUCH
Ausgewählte Gedichte
und Geschichten

A-priori-Antwort auf die Frage:

Was tut die verflixte  auf dem Buchcover?

Zu meinem Buchumschlag gab es verschiedene Vorschläge.
Der jetzige Entwurf avancierte zum klaren Favoriten und blieb es auch, bis ...
... ja bis ...
... das Musterbuch eines Tages so ganz entspannt auf dem Tisch herumlag und
auf die Korrekturen seines Innenlebens wartete und meine Lektorin
während ihrer Tätigkeit gerne irgendeinen Fruchtsaft schlürfte.
Jedes Mal, wenn das Buch – wieder einmal ganz entspannt – einfach so da lag,
dürfte eine ganz normale Stubenfliege (Musca domestica)
auf den Geschmack gekommen sein,
ebendieses Buch zu ihrem Lieblingsflughafen zu erklären
und landete immer wieder exakt auf der selben Stelle des Covers.
Es erhob sich der grimmige Verdacht: „Da ist was Süßes im Spiel!"
Und so war's auch.
Irgendwie hatte ein winziger Tropfen Himbeer-Sirup seinen Weg auf diese
ganz bestimmte Stelle gefunden.
Somit war die Sache klar, denn der geflügelte Quälgeist
suchte sich akkurat und immer wieder genau den selben Landeplatz aus.
Mein erster Fan ...
Wir haben's dabei belassen, und jetzt ist dieses Viecherl verewigt.
Genau auf seinem Lieblingsplatz'l.
Ganz *ohne*
irgendeinen anderen
tiefersinnigen
Grund.

Und genau so mag ich das ...

„AUS DEM BAUCH" – © 2011 by Christian Hemelmayr
ISBN: 3-9502812-3-1

Erstauflage 2003 by „Neue Wiener Werkstätten", Hrsg.
2., erweiterte Auflage 2011
Verlag: „Edition Literaturgarten", Wien
Lektorat: Barbara Lengauer, Linz
Illustrationen: Heinz Wolf
Einbandgestaltung & add. Pics: derHAEML
Produktion: pro BUSINESS-Verlag, Berlin

ISBN 3-9502812-3-1
9 783950 281231

www.literaturgarten.at
literaturgarten@gmx.at

PROLOG

Irgendwann im Frühjahr des Jahres 2003
kam dieser Gedichte- und Geschichtenband als Erstauflage zur Welt.
Als Paperback.
Und das sah damals **so** *aus:*

Innerhalb weniger Wochen waren die
„Ausgewählten Gedichte & Geschichten" trotz hoher Auflage
restlos vergriffen.
Aufgrund zahlreicher Lesungen blieb die Nachfrage jedoch bis heute.
Also verfügte mein Verlag – nach fast einem Jahrzehnt –
eine neue und überarbeitete Auflage bereitzustellen;
diesmal in anspruchsvollem Hardcover, neuem Layout
und mit viel Liebe zum Detail.

Möge dieses Buch der Liebe
meinen Lesern und Leserinnen viel Freude bereiten!

Gewidmet den wenigen Menschen,
die ich zu lieben imstande bin;
allen voran meinem Sohn
Sebastian.

INHALT

VORWORT
von
Lotte Ingrisch

Lieber Spaziergänger in literarischen Sphären!
Wie gerne folge ich Ihren Reisen
in zukünftige Vergangenheiten und
vergangene Zukünfte.
Ich mag Ihre Mischung aus Liebe und Humor
und wünsche Ihren Gedanken, Ihrem Sohn
und Ihnen selbst alles Glück …

Ihre
Lotte Ingrisch

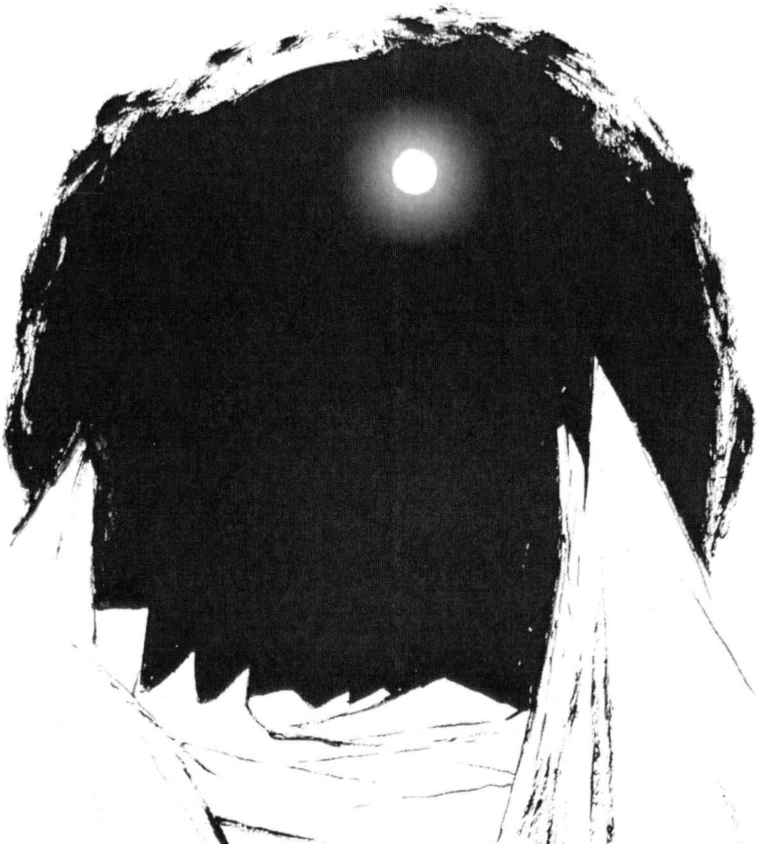

DAS JÄMMERLICHT

Es war einmal ein Jämmerlicht,
das leuchtete gar jämmerlich
im Dämmerlicht.

Es leuchtete am Vormittag;
aus Vormittag wurd' Nachmittag,
und selbst die Abenddämmerung
war ihm zum Leuchten nicht zu dumm.

Das Jämmerlicht blieb jämmerlich,
es fraß vor Kummer sich ganz krumm
und starb dabei fast an der Gicht.

Da ging es zu des Pudels Kern –
so zwischen Morg- und Abendstern –
und fragte: „Wo soll ich nur glänzen,
außer in laut'ren Abstinenzen?!
Man sieht und sieht mich einfach nicht!"

„Du bist und bleibst das Jämmerlicht.
Sonst hießt du anders und *so nicht*.
Ruf deine starken Werte wach!
Leuchte fortan nur in der Nacht
und sei zugegen,
wenn nichts den Himmel rings erhellt.
So schön ist unsre kleine Welt
alleine der Kontraste wegen…"

KINDERREIM

1, 2, 3 Atom-di-bum
du bist mir ein schönes Trumm.
Haut dir jemand auf den Schädel,
gehst du in die Luft, du Blödel.

4 und 5 die ganze Zeit
tut mir das Atom so leid.
Lass' doch das Atom in Ruh',
Müller's Ich und Müller's Du.

6, 7 Nano-Cu-ri-e
du bist eine Fu-ri-e.
Fall-Out messen vor dem Haus,
und wer umfällt, der bleibt drauß'.

8 und 9 der saure Regen
ist bei Tag und Nacht zugegen.
Regen-Regen-Tröpfchen
durch mein Köpfchen klöpfchen.

10, 11, 12 der Regenwald
wurde leider auch nicht alt.
Auf dem Boden, der gerodet,
ist ein jeder Baum getodet.

13, 14 Smogalarm
tut uns Kindern keinen Harm.
Maske vor's Gesicht geschnallt,
wer nicht atmet wird nicht alt.

15, 16 Badezeit,
die uns Kinder immer freut.
Nur die Fische baden nicht,
denn sie hab'n kein Lebenslicht.

17, 18 Ringelreih
diese Zeit geht nicht vorbei.
Wie soll'n wir noch älter werden,
wenn sich alle so gebärden?

19, 20 Weihnachtszeit.
Jeder tut sich selbst so leid,
und im Winterlicht, im fahlen,
nicht nur uns're Augen strahlen.

1, 2, 3 Atom-di-bum,
du bist mir ein schönes Trumm.
Hast dein Köpfchen hingehalten,
bumm
auf einmal
warstd' gespalten...

MIT OMA IM PARK (Juniorbeichte)

Sonntag im Park
auf Rutsche geklettert
Hose zerrissen
die Omama meckert
runtergeplumpst
ein bisserl verletzt
furchtbar gestunken, weil
in Hundstrümmerl g'setzt
dann war verschwunden
hab' mich versteckt
Eierl gefunden
die haben geschmeckt
Omama schimpft und sagt
Eier sind größer
außerdem schmecken
doch Eier viel besser
nein sag' ich, Ostern
gab's viele im Wald
wahrscheinlich war'n diese
Eierln schon alt
dann lauf' ich weg
die Oma läuft auch
ich land' im Dreck
die Oma am Bauch
Eis gegessen
so welches am Stiel
kotzübel geworden
weil eines zuviel
bitte frag Oma
wohin ich ihr spieb, aber
Papa nicht schimpfen
hab' dich so lieb …

GEBURTSTAG

Dicke Tante Torte frisst
obwohl Geburtstag meiner ist.
Sagt nicht Danke, gibt mir nur
einen nassen Schmatz aufs Ohr.

Papa, Oma und die Mama
kochen Essen – was ein Drama.
Zum Geburtstag mag ich Schnitzel,
doch weil krank bin – Hafergrützel.

Viel gekriegt an diesem Tag.
Sachen die ich gar nicht mag.
Doch wenn groß bin mag ich auch
Sachen, die ich gar nicht brauch'.

Dicke Tante küsst mich wieder,
das ist mir schon wieder z'wider,
dreh' mich weg, und sehr wahrscheinlich
ist das meiner Mama peinlich.

Freudenfest in vollem Gang,
Burtstagskind noch immer krank.
Schnitzel lassen sie sich schmecken,
„Hatschi!" kommt's aus meiner Eck'n.

Freudenfest ist endlich aus,
dicke Tante geht nach Haus'.
Auch die Tante muss jetzt niesen,
das kommt halt von nassen Küssen …

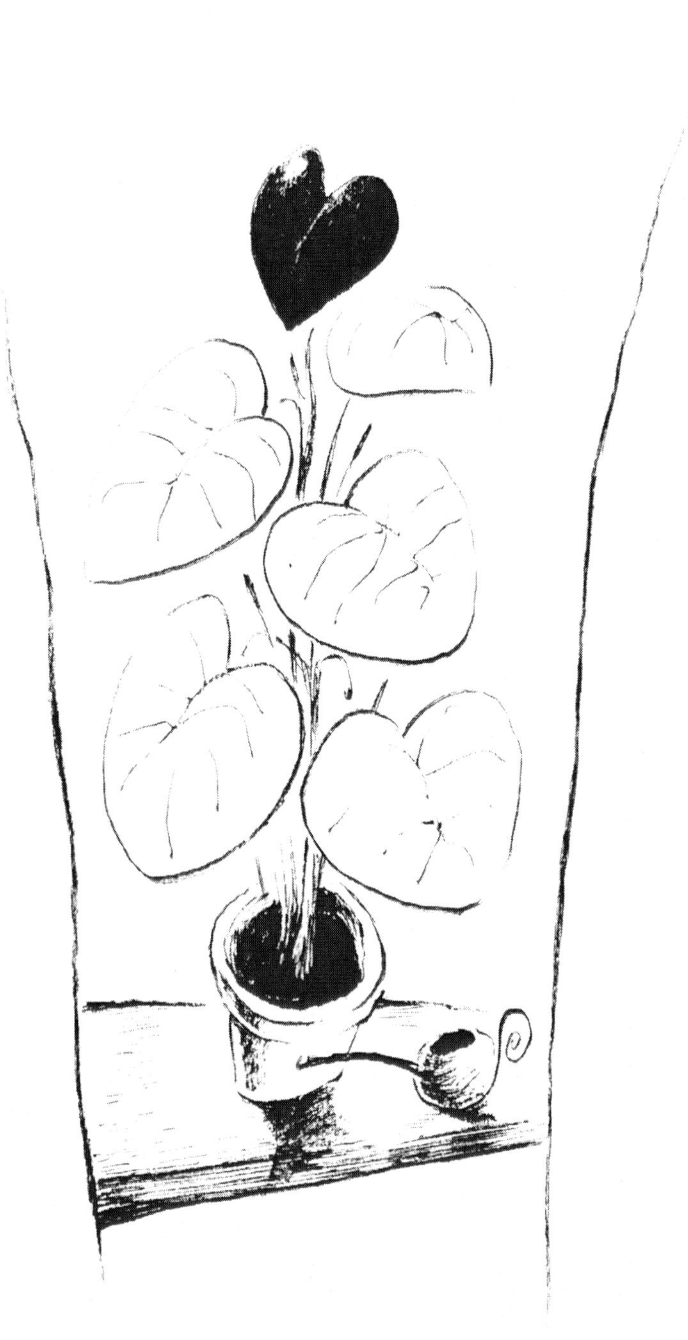

BESCHNEIDUNGEN

Meine Großmutter hatte – wie man sagt – den Grünen Daumen.
Wann auch immer sie eine verwelkende Pflanze fand, sie adoptierte und mit nach Hause nahm – sie hauchte ihr wieder Leben ein. Und – sie sprach mit ihren Schützlingen aus der Gosse.
Und ich war noch ein Kind und wusste damals von alldem nichts.
Ich erinnere mich gut, als sie uns eines Tages besuchte und sich – wie ich es als Kind eben empfand – über alle Grünpflanzen in der Wohnung „hermachte“, sie säuberte, umtopfte, beschnitt und düngte.
Irgendwann war dann die Reihe an meinem Lieblingsblumentopf, in dem seit gut einem Jahr das Grünzeug mehr wucherte als wuchs. Diese Grünpflanze war alleine deswegen meine Lieblingspflanze, da sie an ihren Blatträndern ständigen Nachwuchs bildete, und es faszinierte mich, eben diesen Nachwuchs sorgsam abzulösen und in die darunter liegende Erde einzusetzen, ihn wachsen zu sehen und leben.
Für wenige Momente nur war ich nicht in meinem Zimmer, und schon war's geschehen. Großmutter hatte meiner Lieblingspflanze alle, aber auch *alle* Triebe abgeschnitten und diese weggeworfen. Was blieb mir übrig, als mich in einen Strom von Tränen zu flüchten. Fast körperlich konnte ich den Schmerz des Abtrennens fühlen, völliges Unverständnis dem gegenüber fühlend, was meine sonst so liebevolle Großmutter, die niemandem je etwas zuleide tun konnte, gerade meiner Lieblingspflanze angetan hatte.
Es war wie Verstümmelung, *nein*, es war Mord!
Und keine logische Erklärung der Welt hielt mich davon ab, meine Großmutter für Bruchteile meines Lebens abgrundtief zu hassen.
Meine Lieblingspflanze aber gedieh und wuchs zu einer Größe auf, die ich mir nie hätte träumen lassen …

Das Leben hat auch mich beschnitten.
Stück für Stück und Jahr für Jahr.
Ich bin am Leben – unbestritten,
und stärker, als ich jemals war.

EINE ZWEITE WELT

Mitleid fühlen, Augen schließen.
So manches Laken färbt sich rot.
Danke sagen geht nicht mehr.
Oftmals dafür schon zu tot.

Dritte Welt heißt Tod und Armut,
Hitze, Schmerz und Hungerbauch.
Dünne Arme, Augen, Blicke.
Eine Zweite Welt gibt's auch.

Liebevolle Hände geben
Überleben, Brot und Geld.
Augen auf! Um's Überleben
geht's auch in der Zweiten Welt.

Nachbarskind vor Hunger schreit.
Krüppelkinder auf der Straße.
Augen auf! Die Zweite Welt
beginnt bei uns schon auf der Gasse …

KINDER NICHT

Teppiche aus Öl statt Seide
taub und stumm für die Natur
Überleben: Kriege der Sterne
Beim Verhandeln immer stur.

Atomarer Holocaust
Überfluss und Hungersnot
Algenpest und totes Wasser
Smogalarm statt Abendrot.

Diesen großen Spielplatz Erde –
kurz bevor sie vielleicht bricht –
hinterlassen wir als Erbe.
Das erfinden Kinder nicht.

KINDER NICHT

Teppiche aus Öl statt Seide
Taub und stumm für die Natur
Überleben, Krieg der Sterne
Beim Verhandeln immer stur

Atomarer Holocaust
Überfluss und Hungersnot
Algenpest und totes Wasser
Smogalarm statt Abendrot

Diesen großen Spielplatz Erde –
Kurz bevor sie vielleicht bricht –
Hinterlassen wir als Erbe
Das erfinden Kinder nicht …

MUTTERREIM

Eins nach vorn und zwei zurück,
Kinder bleibt am Leben!
Lasst mich atmen, kommt zur Ruh,
hab' so viel zu geben.

Grabt euch ein in meine Kleider,
haltet fest an meinem Schoß.
Keine Streiterei'n! Doch leider
seid ihr dafür nie zu groß.

Lasst mich atmen – Kinder – bitte!
und hört auf, nach mir zu schlagen.
Ich geh' fort aus eu'rer Mitte,
und ihr müsst euch selber tragen.

………

Kinder, wo seid ihr versteckt
Ist denn keines, das mir blieb …
Nun, zum End' seid ihr verreckt,
sprach Mutter Erde und verschied …

KINDERMÖRDER

Es war irgendwann im Sommer ’62. Spätsommer vermutlich. Denn nur zu dieser Zeit zogen die Messerschleifer durch’s Dorf, um zu schärfen, was über’s Jahr stumpf geworden war. Tagelang folgten wir diesen Zigeunern, klebten wie Fliegen an ihrer fremdländischen Aura, hingen förmlich an ihren ledergeflickten Wämsen, ihren schwarzen Bärten und Kohleaugen; wir, die Bubenbande, alle gerade einmal sechs, waren fasziniert von der Exotik der ersten Gastarbeiter, die wir damals je zu Gesicht bekommen hatten.

In einem pausenlosen Funkenregen wurden Messer und Scheren wieder gebrauchsfertig gemacht, und mit einem ebensolchen Feuerwerk an Begeisterung wollten wir alle Messerschleifer werden damals. Alle.

Bis zu jenem Tag, an dem irgend ein „Großer“, ein Nachbar zu uns trat und im Verschwörerton raunte: „San jå ålles Kindamöarda…“

Stille. Dunkle Gesichter rucken hoch. Der Bann des Funkenregens ist mit einem Male tot. Ein schlaksiger, junger Zigeuner steht langsam auf, in jeder Hand ein langes Messer, und kommt mit sehr, sehr bösem Gesicht auf uns zu, währenddessen er die Klingen ebenso langsam aneinander reibt. „Nixde Kindemerda!“, ruft er, „nixde Kindemerda!“ …

Doch das einzige, was dabei in unseren Kindsköpfen hängenbleibt ist das Wort „Kindermörder“. Und während wir uns bereits gehäutet und entkernt als zigeunerlicher Sonntagsbraten sahen, flohen wir in unbeschreibbarer Panik zu allen nur greifbaren mütterlichen Rockzipfeln, an denen wir unsere künftigen Vorurteile jedoch auch nicht los wurden. Noch Jahre später flohen wir – wir, die tapferen Krieger – schreiend in unsere Indianerverstecke, wenn sich der Klang spätsommerlicher Wetzsteine zwischen den Häusern breitzumachen begann.

Diese Angst hatten wir wohl verdient, denn … Kinder urteilen schnell.

Die Erwachsenen aber erst recht …

SO GESEHEN

Es ist ein eigen Ding,
wenn Mann von Liebe spricht.
Er rechnet auf, und dann addiert
er rasch, was seinem Sinn
vollkomm'ner Wertigkeit entspricht.

Wenn diese Weis' sich appliziert
auf eines Weibes Seele,
wird ***die*** zumeist zur Klaviatur
des Mannsgetu's und komponiert
ein wenig Kloß in beider Kehle.

Gegeb'nenfalls sind Menschen pur
(und so einander richtig).
Die Liebe fällt nicht gern' wo hin.
Sie blieb *zu* gerne liegen – nur –
sie ist sich selbst zu wichtig.

(und so gesehen gibt sie Sinn)

RAHMEN OHNE BILDER

Dein Leben ist wie ein uraltes Schloss.
Es steht seit ewigen Zeiten.
Die Räume darin kannst du hoch zu Ross
eine Kindheit lang ständig durchreiten.

Du findest dich wieder in alten Bildern
und erkennst deine Ahnen darin.
Und kramst du in Büchern, die dir alles schildern,
erwächst für dich täglich neuer Gewinn.

In diesem Schloss, da gibt es ein Zimmer,
das nur dir alleine gehört.
Du wirst es schon finden, egal wann auch immer.
Und dazu den Schlüssel, denn der Raum ist versperrt.

Öffne die Tür und tritt in dein Leben,
denn freigeben muss ich dich irgendwann.
Betrachte die Bilder, die ich dir gegeben.
Sie hängen gerade vor dir an der Wand.

So wirst du bemerken, es fehlt noch ein wenig
an Inhalt beim Großteil der Rahmen.
Nimm, was dir wichtig und nichts, was beschönigt
und gib jedem Bild seinen eigenen Namen.

Du hast wie jeder den Raum deines Lebens,
vorbereitet durch die Liebe zu dir.
Erfülle dich selbst durch die Kraft *deines* Lebens,
und fülle die Rahmen, denn die sind von mir.

Noch kennst du ihn nicht, deinen ureig'nen Raum.
Noch lebst du in meinen vier Wänden.
Noch teilen wir uns einen einzigen Traum.
Ich geb' ihn nur langsam aus Händen ...

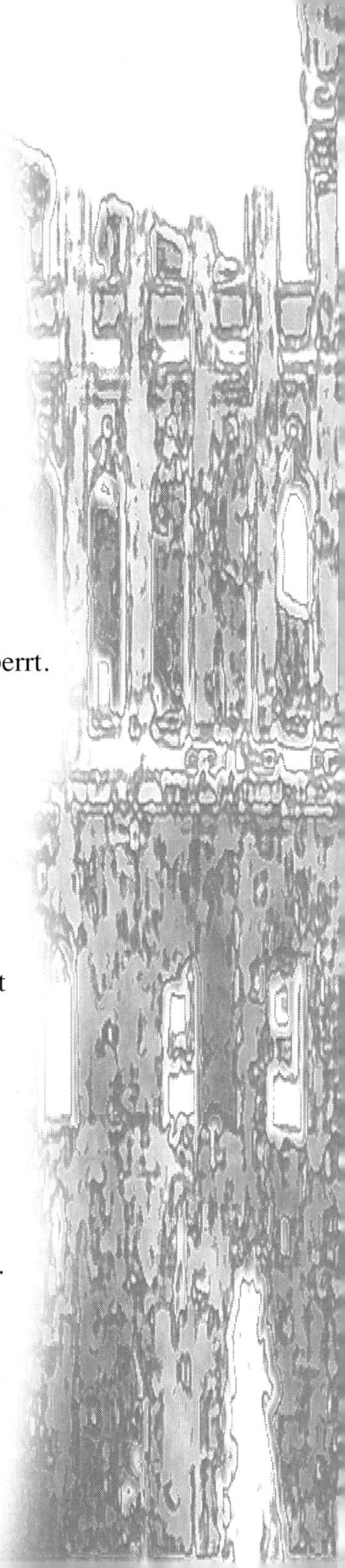

ANDERSWANN

Heute führ'n all meine Gedanken
mich tief
in meines Kopfes Geäder zurück.
Nach Gestern,
ins gestrige Heute,
denn morgen
vergess' ich davon
vielleicht schon ein Stück.

Dann bin ich anders.
Wann ward ich geboren?
Und wann ging der letzte Grundstein verloren?
Wieso singt die träumende Stadt meiner Häuser
meine ureig'nen Lieder immerfort leiser?
Und warum bin ich heute
so anderswo …

Mein Kind, ich lege all meine Gedanken
dir in den Kopf
und tief in dein Herz.
All meine Trauer und meinen Schmerz
beleg' ich mit eisigem Bann.
So siehst du durch mich
dein Leben und dich.
Nur heute –
heut' siehst du mich
anderswann …

WER BIN ICH HEUTE?

Gestern bin ich aufgewacht
und hab' den Tag geseh'n,
an dem ich – ich war g'rade acht –
versucht war, an der Zeit zu dreh'n.

Ob nun Tagtraum oder nicht –
ich hab mich selbst besucht.
Aus einer Zeit nach meiner Zeit
war mir ein Flug gebucht.

Ich sah mir selbst ins Angesicht
Als Kleiner klein, als Großer groß
und wusste, es ist Zeit für mich,
ich löse mich jetzt los.

Ich wusste – klein, so wie ich war,
von meinem Wunschberuf
und wusste – groß und plötzlich da,
dass ich was and'res schuf.

Ich sprach zu mir von Mann zu Kind,
dass es zu ändern gäbe
und dass das Leben schnell verrinnt,
obwohl die Zeit so träge.

Ich fragte mich von Kind zu Mann:
was soll ich ändern, was denn tun?
Ich fragte mich, kann später dann
ich selber in mir ruh'n?

Ich würde nicht, so sagt' ich mir,
außer die Turbulenzen
vor diesem Leben heut' und hier
verhielten sich in Grenzen.

Das Kind verstand kein einz'ges Wort,
und es musste niesen.
Und es war Herbst, und ich ging fort.
Die Zeit begann zu fließen.

Ich ging den Weg bis heut' allein.
Als Spiegel meiner Taten
seh' ich mich plötzlich wieder klein.
Hab' ich mich selbst beraten?

Gestern bin ich aufgewacht
und hab' den Tag geseh'n,
an dem ich – ich war g'rade acht –
versucht war, an der Zeit zu dreh'n.

Ich hab daran gedreht, ich weiß.
Bin meine eig'ne Beute.
Doch die Erinnerung ist heiß. Nur –
Wer bin ich wirklich … heute?!

umh´er [umhÄhr], (spätmhd.) **1)** planlos kreuz und quer: *sich umhertreiben.* **2)** darum herum, **3)** auch umgangssprachlich gebraucht: *umad´um* [umadUm], in weiterer Folge als Substantiv in Verwendung: *Das „Um´adum"* [uMAdum],(neud.)

DAS uMAdum

Auf eines Baumes Aste stand
das *UMADUM* Hand in Hand
mit seinem hochdeutschen *Umher*.
Sie blickten stolz auf das *Herum*,
das um den ganzen Baum sich schlung.
Da flog die Frage selbst einher …

„Du ungebildet kleines Trumm
führst selbst dich ad absurdium!"
Doch das *UMADUM* sprach zurück:
„Das tust du selbst, du dummes Stück!

Als Frage solltest du nur fragen
und keine Feststellung vertreten(„!").
Du bist um eines nur gebeten –
gehob'ne Endungen zu sagen…"

„Nun gut", so frug die Frage denn,
„was wäre wo? Was wäre wenn?
Zu guter Letzt frag' ich: Warum
ist das *Umher* nicht das *Herum*?!"

Drauf milde das *UMADUM* sprach:
„Siehst du es nicht?! Es wäre – ach
(und damit lange nicht genug) –
in erster Linie Sprachbetrug.

Du fragst herum und nicht umher.
Du fragst dich um den Baum herum,
und stünd' ich nicht weit darüber,
ich fände deine Fragen dumm,

denn – wie du siehst – an meiner Hand
weilt mein Verwandter, das *Umher*.
Nun frag' mich nach des Pudels G'wand,
vielleicht erklär' ich dir noch mehr…"

„Ich will nur eines von dir wissen:
Du bist kein Wort und doch am Leben…"
Drauf das *UMADUM*: „Nun – es ist
allein' der Umgangssprache wegen."

Da flog die Frage still nach Haus
und küsste ihren Mann,
den Antwort (liest man jeden Tag,
manchmal oder auch irgendwann) …

(mit stets liebevollen Gedanken an meinen Mentor Fritz Hönig, der mich meine Muttersprache zu lieben gelehrt hat)

h.o. & d.o. (hierorts & dorterorts)

Ein Mädchen namens Marie F. stand
kürzlich vor einem Gebäude.
Man nennt es vulgo d.o. Amt,
und es vermittelt Freude.

Denn wer sich ohne Arbeit sieht,
der hat nicht viel zu lachen.
Man fühlt als asozialer Dieb
sich in der Pleite Nachen.

Dass sie so ohne Arbeit war,
lag einzig an der Kunde
(blau an Kuvert und wohl frankiert):
„Wir gehen jetzt zugrunde…“

„Nun – hol's der Teufel, jung genug
bin ich an Leib und Jahren.
Ich fahr' halt mit dem nächsten Zug,
solang' noch Züge fahren…“

Da sprach mit Weisheit d.o. Mann:
„Wie ich das konstatier',
sind sie noch weitaus schlimmer dran,
sie sind schon zehn mal vier!“

Marie, um Engagement bemüht,
sprach:„Vierzig ist kein Alter!
Mein Herz vor Tatendrang erglüht,
Herr Arbeitsmarktverwalter!“

„Nun gut – trotz ihrer Jahre
wird sich schon etwas finden.
Von h.o. zieh'n wir ihre Karre
nach d.o. in die Pfründen.

„Ich will ja nichts geschenkt, mein Herr,
ich will dafür was geben.
Ich kann dies, jenes und noch mehr,
ich weiß zu überleben.“

D.o. Herr konstatiert erneut:
„Als Bäckerin – zu müde.
Als Tischlerin – zwei linke Händ’.
Zur Peep-Show – viel zu prüde.

Als Lehrerin – zu wenig Druck.
Im Außendienst – zu steif.“
Er strafft sich, gibt sich einen Ruck …
„Mit einem Satz: Sie sind zu reif!“

„Nach all dem steht der Sinn mir nicht.
Viel mehr nach Sozialem;
wenn’s Menschen an etwas gebricht,
dort möcht ich mit verbalen

und manuellen Tätigkeiten
den Menschen das ersetzen,
was aufgrund von Widrigkeiten
im Leben sie verletzte.“

Ihr Gegenüber tat ihr kund:
„Madame, sie sind hier fehl.
Nun – sie sind vierzig und gesund,
d’raus mach ich keinen Hehl.

Was *sie* der Menschheit geben könnten,
das wär’ in ihrem Falle
ein Aufnahmsfreiwilligengesuch
in der Organspenderzentrale.“

MIETVERGANGENHEIT

Ich wachte eines Morgens auf,
da marschierte zu meinem Entsetzen
Vergangenes von mir und über mich weg,
bewarf mich so nebenbei noch mit Dreck,
um sich dran und an mir zu ergötzen.

Ich blickte – im Innersten zutiefst verletzt –
um mich und besah mir die Runde.
Da stand so ein kleines Vergangenlein auf
und setzte sich mitten und voll auf mich drauf
und verlas mir die heilige Kunde:

„Du träumst nicht, mein Guter, jetzt spitz deine Ohr'n!
Du bist nur Gebrauchsgegenstund' .
Wir sind Sekunden. Zu sechzig verpackt,
mal sechzig bist du, und mal acht ist dein Tag.
Nein, sag nichts, und halt' deinen Mund!

Wo kommst du schon her, wo gehst du schon hin?!
Wir sind deine vergangenen Tage!
Wo nahmst du uns her, hast du uns gefragt,
wollten *wir* dich, oder *du* unser'n Rat,
wenn du uns missbrauchtest, du Plage?!"

Mir war, als hätte ich Kreide verschluckt.
Man wollt' mir mein Leben verderben!
Lebt' ich tatsächlich nur auf Kredit?
Und wenn schon, so dachte ich – als Fazit –
zunächst mal ganz einfach an's Sterben.

Das kleine Vergangenlein sprang von mir ab,
ließ mir einen Augenblick Zeit.
„Es wird nicht gestorben! Erst zahlst du zurück.

Nicht alles auf einmal und – da hast du Glück –
sie ist zins'frei, die Miet-Vergangenheit!"

Zum zweiten Mal wachte ich – und diesmal tatsächlich –
auf durch das Weckergeläute
und wusste genau, und jetzt war ich so weit:
Nicht länger nähm' ich mir die eigene Zeit.

Ich stehle sie anderen Leuten …

DER AFF'

Ein Aff' der hiner Gittern saß,
rief seinen Advokaten
und lud ihn zu sich und zu Suff und zu Fraß,
zum „parlér à deux" betreff dieses und *das*:
Er wollte nicht länger hier braten.

Dies hieße nicht braten, weil schmoren das Wort,
erklang's aus gebildetem Munde.
Die Dings da, die einen, und andere dort,
die wären erfreut über so einen Ort
der Sicherheit, so seine Kunde.

Während der Aff' sich dem Weine ergab,
ergab sich der Anwalt dem Wasser.
Parlierend und paragraphierend im Trab
brach er über ersteren so manchen Stab,
und der Aff' wurde blasser und blasser.

„Du Pseudoprimat, jetzt spitz' deine Ohr'n,
ich sprech' über dein Relativ!
Weißt *du* denn tatsächlich, wo du gebor'n,
oder ging dir im Laufe der Zeit *das* verlor'n,
was bekannt als lokalperspektiv?!"

„Entschuldigen Sie, Herr Advokat meiner,
ich bin weder dumm oder taub.
Ich sitz' hier am Gitter, und unsereiner
fühlt sich einfach von Tag zu Tag kleiner
und kann nicht raus – mit Verlaub."

Der studierte Freund hub die Stimme erneut:
„Mach nicht so ein blödes Gesicht!
Weißt *du*, wo du bist (und wo bist du schon heut')?

Dies-, jenseits des Gitters, und was sind diese Leut'?!
Du bist hier sicher, *die* nicht!"

„Das heißt: Wenn ich dächte (und ich denke sehr frei),
ich wäre ganz einfach Besucher,
dann wär' mir das Hier oder Dort einerlei,
und rein theoretisch wäre ich frei …
Das schlägt sich ganz gut zu Buche."

– – –

Hier unterbrechen wir kurz, denn ein Gott bietet Maß
(der, der die Erde erschaffen):
„Ich legte dies' Gitter nur so zum Spaß
um jedermanns Kopf, und jetzt sag' ich euch was:
Es leben dort beiderseits Affen!

Nichts leichter, als sich davon zu befrei'n,
man müsste es nur ignorieren.
Die Geister sind willig, nur die Kräfte sind klein,
Es macht mich zwar traurig, doch kann ich verzeih'n,
wenn Grenzen die Welt dominieren."

Am nächsten Morgen erwachte der Anwalt
behutsam aus seinem Traum
und fuhr in Richtung psychiatrischer Anstalt
und bremste bei der nächstbesten Palme zum Nothalt
und sprang flugs hinauf und blieb auf dem Baum …

FENSDA ZUA

Wia ma vurige Wochn mei Klane – de Dani – en Gschdis gebm hod,
do hob i ma r gsogt: „I wü nimma!“
Oeso – i happ auffe aufs Fensdabredl und spring ausse.
Des Blede is nua – vun an Fensdabredl im Sutarä schbringan –
do brichsd da r jo ned amoe an Finganogl …
Oeso bin i umme zua r Wiatin am Eck und hob zu ia gsogt:
„Christl, i wü nimma! I sauf mi heit tot!“
„Jojo“ hods gsogt, „is scho rechd.“
(weus' mi hoed va r schded).
Wia i so mittn drin im Schdeabn bin, ged de Tia auf
und de Dani – mei Klane – kummt eine.
Und wias' ma med ana r anzichn Haundbewegung
mein Suizid ausm Hian
und mei Traurigkeit ausm Heaz gschdreichlt hod,
do hob i mas daun do iwa r legd.

Heid wohna ma – med r anaund – im segsdn Stok
(Jojo – und streidn tamma gnua).
Owa r de Fensda …
… de Fensda …
… de bleibm zua!

WURM DRIN

Ein Regenwurm kroch aus der Erde
und wurde prompt gefressen
von Ibica, der kleinen Krähe,
die auf so was versessen.

Und gleichsam prompt ward *sie* geschlagen
(wer säumig ist, der wird ereilt);
Herr Falke hatte schwer zu tragen.
Und eins-zwo-drei war sie zerteilt.

Die Bissen war'n zu groß geraten
für kleiner Fälkchen Schlund,
erstickten sie doch an dem Braten
noch innert einer Stund'.

Und die Moral von all dem eben
(egal wie hungrig man auch ist):
Man sollte nie auf etwas geben,
wo a prior' der Wurm drin ist …

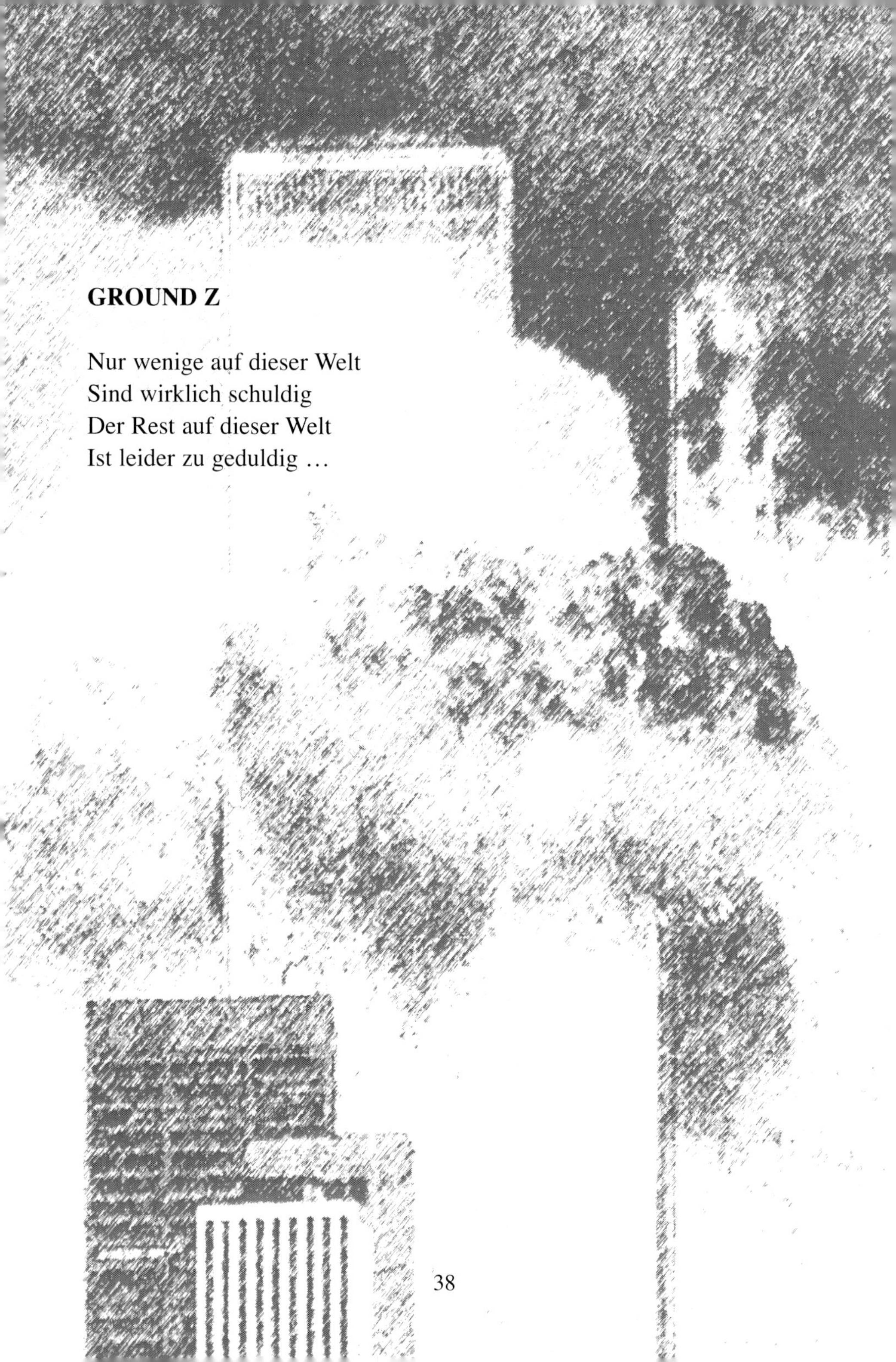

GROUND Z

Nur wenige auf dieser Welt
Sind wirklich schuldig
Der Rest auf dieser Welt
Ist leider zu geduldig …

HÄTTENWOLLENTÄTEN

„Ich möchte so gerne…“, so sagen die meisten,
„Ich hätte so gerne – und das ohne Neid –
der Nachbarin Kind (oder auch nur ihr Kleid),
die Erinnerung daran, wohin sie schon reiste …
und das ist’s genau, warum *ich* mich erdreiste,
es haben zu wollen. Darauf meinen Eid!“

„Ich würde nie lügen, wenn die Wahrheit nicht wäre…“
Die schleicht sich stets und unmerklich heran
und zeigt dir, was tatsächlich ist und sein kann.
Doch zög’ ich (und wahrhaft – und – bei meiner Ehre!),
würd’ *ich* je belogen, daraus meine Lehre
und zeigte den Scheißkerl ganz einfach an …

„Ich täte schon machen, wenn man mich nur ließe…“
Die „oben“ sind doch ganz einfach nur dumm
und gotteloquent. Nur werde ich stumm,
wenn *ich* zwangsläufig Parteien begieße.
Ein schwarzer Zwerg wird partout schwarzer Riese,
und ein Volk sel’ger Menschen schert sich nicht drum.

„Es wäre so schön, wenn’s anders nur wäre.
Wie damals – ganz einfach – zu „unserer“ Zeit!“
(als wär’ uns’re Zeit nicht auch jene von heut’…).
„Das Jammertal heute – ’s ist alles Chimäre“ –
und lässt uns vergessen – *das* ist das Prekäre:
Noch niemals im Leben sah’n wir so weit …

DU LIEBE STADT

Wenn das nächtliche Dunkel sich langsam verzieht
Und der Morgen nicht graut sondern wirklich erblüht
Und klingen mir Stimmen im Gesange der Luft
Und die Linde vor'm Fenster entlässt ihren Duft
Dann umarm' ich das Licht und begrüße den Tag
Und *du* wirst zum Lied mir
Du liebe Stadt …

Wenn die Krämer um's Eck die Duellmesser schleifen
Und die Spatzen vom Dach alte Wahrheiten pfeifen
Wenn der Tag sich bereitet und geschäftig beginnt
Und der Amtsschimmel reitet im Vormittagswind
Umarm' ich mein Leben, das ich immer noch hab'
Dann wirstd' zum Gedicht mir
Du liebe Stadt …

Wenn das Leben der Häuser sich mittags entfaltet
Und den Seinigen einfach ihr Leben gestaltet
Dann erwart' ich mit Freude gerad' jene Luft
Die da dunkel schon wird, und die laut nach mir ruft
Ich vernehm' Deinen Puls, der mir schlägt Nacht und Tag
Dann wirst *du* Sinfonie mir
Du liebe Stadt …

So erlieb' ich dich täglich, und ich leb' meine Tage
Auch wenn ich manchesmal schwer an Dir trage
Denn Du hast den Ruf nach Tod und nach Wein
Selbst wenn es so wär', dafür steh' ich ein
Ich liebe *das*, was man einmal nur hat –
Denn *ich* bin dein Kind
Du liebe Stadt …

VOLL-MOND

Guter Mond, du stehst so stille,
so rund und voll am Firmament.
Den einen bist du Aufputschpille,
den and'ren Schlafmedikament.

So steh' ich wieder mal am Tresen
sinnierend, schreibend unter dir
und denk' nicht an: „Was ist gewesen…“
nur an den vollen Krug von Bier.

Wenn ich dein volles Antlitz schau,
das runde, wohlgenährte,
vergess' ich meine Ehefrau,
o treuer Weggefährte,

vergess' die Freundinnen, die Kinder
(wo immer sie auch schlummern),
und lass' meine Gedanken los, die hinter –
ach – meiner Schädeldecke wummern.

Sie dreh'n wie du sich stets im Kreise
und folgen jenem „Einerseits“:
„Was erst geleert auf eine Weise,
bedarf der Vollheit and'rerweits.“

Ein neuer voller Krug, ich trink' ihn schnell,
ich will ihn nur bezwingen!
Zurück das Leergebind' zum Quell –
Mög' er Erfüllung bringen …

Nach wiederholter Prozedur
erstirbt des Ursprungs Fließen.
Der Zapfhahn blubbert leider nur
mehr schaumgebremst und niesend.

Und: „Ei perdautz – und jetzt ist Schluss!“
(ab jetzt lacht man im Keller)
Ich lös’ vom Tresen mich und muss
erkennen: „Es wird heller…“

Und tatsachs nähert sich der Morgen.
Ich seh dich geh’n, leg dich zur Ruh.
Mach dir um mich bloß keine Sorgen,
heut’ bin ich g’rad so voll wie du …

DIE ENTWICKLUNG DER MENSCHHEIT

(in gnadenloser Fortführung zu Erich Kästner's Teil 1)

Einst hat man uns Kerls von den Bäumen gelockt.
Das war vor vieltausend Jahren.
Wir lebten den Fortschritt mit aller Gewalt,
pragmatisiert und bestens bestallt
lernten wir Fliegen statt Fahren.

Von Gehen schon lange die Rede nicht mehr;
vorbei sind die langsamen Zeiten.
Das Leben wird länger, doch die Zeit bleibt zu kurz,
unser Lebensraum kümmert uns nur mehr einen Furz.
Wir lassen uns vortrefflich leiten.

Die Logen reinigen unser'n Planeten
mit Epidemien und mit Krieg.
Der Mensch ist mikrob im Weltengefüge,
er frisst – da nichts anderes da – jede Lüge.
Wahrhaftig! Ein prächtiger Sieg …

Banken versichern, im eigenen Saft
gerade *so* lang' zu schmoren,
um dorthin zu kommen, wo man schon war.
Zum Höhepunkt: Nullpunkt, denn offenbar
sind wir doch nicht zu Höher'm geboren.

Man behütet und kondomisiert uns're Welt.
Man schützt uns ganz einfach und eben.
A priori vermeidet man Kinder im Keime,
doch lebt uns're Welt nur mehr durch das eine …
… durch die Schönheit am werdenden Leben.

TESTAMENT

Ich will euch etwas geben
– ein nur ganz kleines Ding –
von dem die Leute reden,
es hätt' nur selten Sinn.

Was bleibt schon, wenn ich gehe …,
ein Sohn, ein Haus, ein Baum,
und wenn ich recht bestehe,
der ein' und and're Traum.

Wie steht's mit euren Launen?
Habt ihr mich je gemocht?!
Mein Gott, ich hör' euch raunen
von unten aus dem Loch:

„Jetzt hat er's hinter sich gebracht."
„Das Leben – es geht weiter."
„Er hat zu oft zu viel gelacht."
„Jaja - und u.s.w. …"

Ihr Wenigen und Lieben,
die mit mir viel geteilt,
vertragt ihr Schmerz und Hiebe
auf eurem Seelenkleid?!

Wie steht's mit Wut und Trauer,
was macht euch magenkrank?
Ich war ein Graupelschauer,
ein Tiger ohne Tank.

Wer weint an meinem Grabe,
wer spricht ein schönes Wort?!
Ihr Lieben – diese Gabe
nehm' ich mit mir hinfort …

Wen schmerzt des Freundes Scheiden?
den Freund nicht, sondern euch!
Er hat schon and're Freuden,
und ihr bleibt unter euch.

Ein bisschen Erde drüber,
und dieser Kloß im Hals
vergeht von selbst schon wieder
(so sagt man jedenfalls).

Vertrugt ihr mich und meine
– wie man's inzwischen nennt –
Besessenheit im Reime?!

Wohl konstruiert oder natur
sind diese Worte einfach nur
für euch mein Test am End'.

HÖRT DOCH ENDLICH AUF

Was ich nicht brauche
Ist diese perfekte
Pseudomimik
Zu meinem Leichenbegängnis

Schon schlimm genug
Dass ich nicht bestehe
Schon schlimm genug
Dass ich nicht bereue

Doch gut genug
Dass ich noch lebe
NEIN – doch nicht *Dein* Leben
Oder *Deines*

Meines!

Und das ist kurz genug
Um dieses Mitleiden
Nicht mal ein wenig nur
Zu brauchen

Für bloß so kurze Zeit

Für meine kurze Zeit
Die immer noch
Die meine ist
Die meine ist …

Zu eb'ner Erde …
Ohne Mit-Leid

VIELLEICHT ZU LANGE SCHON …

Wenn unser Tag sich setzt
Und seine Nacht ihr Tuch über ihn breitet
Will ich mit dir sein, denn es netzt
Schon jener Tau des Morgens meine Augen
Der dann schreitet tief durch mein Gesicht
Das dir des gleichen Morgens Heiterkeit bereitet
Wie ein vielleicht belangloses Gedicht
Das man zwar kennt
– vielleicht zu lange schon –
(oder vielleicht gerad' noch nicht …)

EINE NACHT

Es scheint der Liebe Sinn
Verrückt zu sein
Doch kein
Besond’res Ding
Obgleich es trunken macht
Vom Abend bis zur Morgendämmerung
Und es gibt keine Macht
Die stärker wär’
Als die Erinnerung
An jene *eine* Nacht …

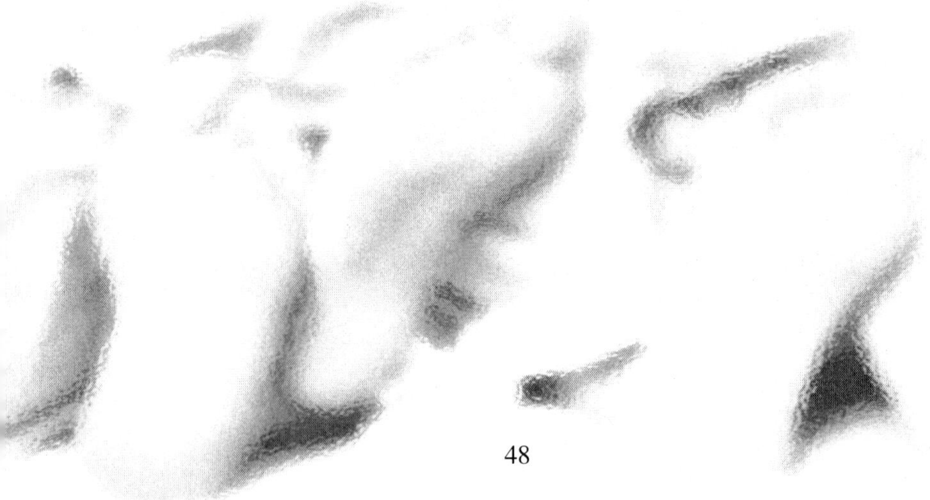

WÅS A WEANA OESS MÅCHD …

Im Kaffeehaus sitzn und d' Leit ausstalliern,
im Gestrig'n denkn und des Morg'n dischkriern;
wer braucht scho des Heite, dafia is no Zeid,
und jå ned zvü z'Haus sein, dahaam sterbm de Leit!
Im Prater – waunnd' Baam bliahn – zum Lusthaus spazier'n,
waunn's dunkl wird – späda – durchd' Stådt promenier'n.
Mitn Steffl im Herzn und medm Heirign aa
tuat er si beim Zuahean hoed unhaamlich schwaa,
weu er heat se gean redn und des in aana Dur,
und vaschdeht eahm aa kaana – er kaunn nix dafua.
Nur – wird er bled aungredt, daunn geht a r in Såft.
Segts, des måcht a Weana, waunn er ned gråd schlåft.

Sein' Schatzl dazöhn, wia sehr er sie liabt
und furchtboa vüü waanan, waunn irgend wer schtiabt.
Weu da r Tod gheat zum Leb'n in seiner Wöd
und kummt glei' an zweiter Stöö nåchm Göd.
Bei da Sopherl an Gstreckt'n, beim Drexler an Wein,
und – „Waunn I wås zum sågn hätt'…" – genau so muass' sein.
Daunn umme am Flomoakt – Va r gaungenheid schau'n
(oba des ohne Mutti, durt gibt's eh genug Frau'n!).
Medn 44-er nåch Ottakring reisn,
a poa Schopp'n beim Tschauna (da Rest tuat se weis'n).
Vurm Z'hausfoahrn no schnöö zwaa, drei Vierterln in Håft.
Des oiss måcht a Weana, waunn er ned gråd schlåft.

Und kummt er daunn endlich amoe in sei' Bett,
daunn sågt zu eahm d' Mutti, dass' gern no wås hätt.
Denn schließlich und endlich – då gibt es jå Pflichten
fia an Weana, und die sind auch zu verrichten.
Und nåchher dann gibt's no – no na – Formlans
En Fernseha aun, a Trabukerl, a klan's …
De Mutti steht auf und måcht no' a Jaus'n,

de Nåchd is vorbei und kaunn se jetzt braus'n.
Då braucht er kaan Wecker, de Aug'n san eh off'n
und scho' wieda, scho' wieda, scho' wieda nix g'schlåf'n.
Wås is scho' dabei – mir Weana håb'n Kråft,
und drum wiss'n heit ålle, dass a Weana nie schlåft …

NÅSN VOE

de grindign, schdingadn hund
en da r ubauhn
eh ollas tschuschn
und weana r leit
vua ållem de ålle
med r anaund

daunn
em autobus
nix oes schaas låssn riachn miassn
und huastn hearn

und in da r bim
nau se´ass
niassn, wås des zeig hoet. na danke
und daunn

dee, de wås de hund umadumzahn
de wås eh d' krätzn håbm
kåtzn, de wås am schteabn san
kanarivegl – eh scho hin

då denk i ma:
mia san doch a voek
wås wirkli scho am hiwern is
waunn des scho bei de viecha anfangt

na daunkschee
liaba de nåsn eihaaz'n
oes afåch so
de nåsn voe

ealich

WOS I OLLAS FON DIA MECHD

(ein Wunsch ohne Respons)

a uar wos kane zaga hod
und zwischnzeidlich zehne grod
an urlaub in an klanen nesd
wo wia i di du mi vaschdesd
dazua (nua hia und do) dei frog
ob i di eh no imma mog
en noschmoakt volla sunn und grüch
und waunsd an hunga r hosd dei küch
dei haut und daunn mei haut auf dia
da r noch a nochd bis hoewafia
med oi deim gschmack und deina liab
mechd i des hobm bis dass i schtiab
dazua von himme obm de schtean
de eh scho laung uns zwaa nur ghean
und dein kafee glei in da fria
(is wia gebuazdog z'haus bei mia)
dein mund med oe sein iwaschwaung
a kinokoatn und dei haund
und aa dei zeid und aa dei kind
weü ma no säwa r kinder sind
an augn-blick dea r ned va r dunst
med dia allan, a bissl kunst
an himmevota der parat
und uns zwaa ned glei ausselaat

und – ich mechd di med haut und hoa
des is zwoa r vüü
nua
es is woa …

(WOS DU OLLAS FON MIA KRIEAGST – *das* wäre wohl zielführender gewesen)

NIX IS ZU VÜÜ

I wüü des Glück no' erleb'n
Wås net amoe
De Oed'n gspiat håb'n
Vielleicht bin i aa scho'
Z'oed
Oda r z'deppat
Fia's Gspian
In da r Söö
Oba wås i g'spia'n wüü
Des is a Spur von Lässigkeit
In aan Leb'n, wås zwoar
Recht traurig woa r
Åba guat
Und ehrlich

Nix waar schlimma
Oes ung'råde G'schicht'n

Und

Nix is zu vüü
Wenn's um's Glücklich sein geht …

BUKOWSKI

Mein Leben quertest du
Stets und unerbittlich
Du Meister des Saufens und des Hurens
Lass mich doch bitte in Ruhe

In der Stille meiner Seele
Hab' ich doch lange schon
Im Anblick meiner Hinkunft
Den Frieden in mir selbst gefunden

Ich brauch' nicht ganz so lang' wie du
Um mich meiner selbst zu entledigen
Das hab' ich schon getan
Ein Leben lang

So bleibt mir – ganz einfach – ein's
Der heut'gen Liebe eins zu sein
Um sie zu lieben
Wie sie mir entgegen kommt

Was soll's
Bin dir nicht mehr verfallen
Doch kenn' deine Prämissen
Begieß' kein Pflänzlein ohne Grund

Und sei er noch so schäbig
Hab' dich durchschaut und
Habe mich
Zur Ruh' gesetzt in hehrer Jugend

Ich gehe jetzt für's erste
Und baue auf tönernen Säulen
Ein neues Leben
Ohne dich

ALTE HUNDE

Es ist schon gut
Ein „alter Hund“ zu sein
Ein Bluterguss
Hervorgerufen durch das Zuschnappen
Eines zahnlosen Mauls
Bleibt länger in Erinnerung
Als ein schneller, scharfer Biss …

MILLER

Er beschrieb uns seinen Kopulationsakt
Mit einer Nutte
Irgendwo um's Eck
Auf einem Holzstapel
Im Nirgendwo eines Lagerplatzes
Er nahm sie
Und sie kam und kam und kam
Doch dann verlor sie ihn aus ihren Lenden
Sie hatte sich ihrer Lust ergeben und
War verweht in ihr, und er
Wandte sich ab in aller Angewidertheit
Und hinterließ
Sein Sperma auf ihrem Bauch
Und auch auf dessen abgewandter Seite
Garniert mit ein paar Geldscheinen
Die er – wie er sagte – in's schönste Arschloch
Dieser Welt stecken musste
Er betrieb diese Art
Auch schon auf Dachgiebeln
Mondsüchtig. Trunken
Miller, du warst immer schon
Ein billiger Hund
Ich nenne dich nicht umsonst
Den Mann mit dem
Besoffenen
Einauge

(Wie auch immer – zu vielen Zeiten hätte ich er gewesen sein können)

MEIN BRUDER

So ich dir nie etwas
Versprechen konnte
So geb' ich dir auch nichts
Was ich nicht kann

Ich brauch' dich nicht
Zum Weinen oder Hadern

Ich hab' dich gern dabei
Wenn es um's Lachen geht
Und um das Saufen und das Ludern
Wenn alle Becher dieser Welt
Gefüllt sein wollen
Und deren gibt's so viele
Bei uns'rem Lebensdurst

Du bist schon
Einer meiner Engel
Von denen sind nur wenige
Auf dieser Welt
Vor allem jene
Die versteh'n

MEINE SCHWESTER

Was würd' ich heute geben
Um dir *den* Schlüssel
An silberner Kette
Um den Hals schmieden zu können
Den Schlüssel, den du vor ewig langer Zeit
Gedreht hast, um dich ganz unbewusst
Von einem Leben
In's and're zu begeben

Es war so gut
Dich davor bewahrt zu haben
In alle Innigkeit und Sorge

Seither warst du niemals mehr
Im freien Fall
Und
Solltest du jemals in meiner Gegenwart
Unsichere Höhen erklettern

Ich ließ' mein Leben
Um dieses Wenige
Immer wieder zu tun …

PECH GEHABT

(Hommage an den Tschick)

Schon verkauft bevor geboren
Erschau' ich dich und
Denk' an die Plantagen
Denen du entwachsen

So groß
So weit
So duftend

Zerteilt und gestreckt kommst du in meine Hände
Kein Gedanke sonst
Nur teuer

Na und

Ich kann dich nicht
So einfach liegenlassen

Ein Flammenbett ist wohl das Mindeste

Mein Aschenbecher und mein Abfalleimer
Freuen sich auf dich

So ich dich nicht abschalten kann
Wie mein Radio
Oder meinen Fernseher

Muss ich dich leider umbringen

MARIGOT BAY

Hey Schlüsselbulle
Hey Hafenarsch
Hastd' 'nen Ankerpunkt für mich
Da draussen irgendwo
Wo mich die Tide nicht der Atemluft beraubt
Die Hafengebühren werden
In irgendwelchen Abständen sowieso entrichtet
Von wem, warum? Vor allem – warum nicht
Ich fenderte auf
In der siebenten Reihe
Na und, hab' ich zu mir gesagt. Na und
So lange mein Schiff mich trägt
So lang' ich noch an Land finde

Eine Piña Colada
Irgendwo in der Karibik meines Lebens
Und ich begrüße Doktor Doolittle's
Kleinen Wal in der Marigot Bay
Sehe die Palmen auf den Grandes Pitons
Und Purpurschnecken auf Palm Island
Und denke nicht ein einziges Mal darüber nach
Wie diese vielen creolischen Hühnerteile
Auf den Grill gekommen sind
Warum tanzt man hier das Leben
Unter einer Stange durch, und
Was tut dieses geile, nach Ganja duftende Weibsvolk
Auf meiner unbedachten Kokosmatte
Die da
Ungespannt zwischen Palmen
Auf dem Sand liegt

BYRON

Geschätztes Fräulein!
So ich Sympathie zu mir in Ihrer Stimme erkannt habe
Verwechsele ich diese mit Ihrer hoffentlichen Liebe
Die Sie mir zu hinterbringen suchen
Ich bin *sicher* mit der einen Gewissheit
In ihren zarten Worten
Erkannt zu haben
Dass *Sie* meinen Namen anders aussprechen
Als alle anderen Menschen um mich
Dass Ihre Worte *tatsächlich* an mich gerichtet sind
Und – an mein Herz
Dass Ihre zarten Beine
Manchesmal – wie unabsichtlich –
Nicht bedeckt sind
Und Sie Ihre Hände nicht verstecken
Dass Sie mehr als nur *etwas* Zeit für mich bereitstellen
Und – wie sie so bezaubernd auszudrücken wussten –
Dass das menschliche Dasein stete Bewegung ist für Sie
Und – natürlich auch
Dass Sie so gerne ruh'n
Doch selbst zu jener Zeit
Sie diese wunderbare Bewegung des Lebens
In seinem Auf und Ab
Nicht missen wollen
In aller Form
Verzeih'n Sie meine Dreistigkeit
Um Ihrer Liebe Willen
Eben jene Gefühle zu erwidern
Und vor allem
Es tun zu *dürfen* – irgendwann …

(H)ELE(N)A – (ein Wach-Traum)

Ich wollte dir heut' sagen
Dass ich mit dir
Den Himmel zur Erde bringen sollte
Sogar ohne Frühstück

Auf deinen Tresen vielleicht oder
Auf deinen Tisch im Ersten Stock
Sogar im Fliegen – deine Treppe –
In aller Nacktheit hin zum Licht

Ich hab' es heute unterlassen
Denn du bist pure Kraft
Die *ich* wohl
Nicht zu lang' noch leben kann

Du liebst die Welt
Sicher auch mich und all die ander'n
Auf deine Weise
Und deine Weise – erwächst aus deinem Mut

Als einer vieler Schlüssel
Deines Lebens
Bin ich zu dir gekommen, doch
Währt mein Leben allzu kurz, um alle Tür'n zu öffnen

Komm' mir entgegen, Frau

ELISA

Brauchst Du **Luft**
So kann ich' s sein
Atme mich behutsam ein
So hör' ich, wie Dein Herz mir schlägt

Du willst die Klänge dieser Erde
Töne, die Dich erbeben lassen
Gib mir Dein *Pianissimo*
Und erwache im *Crescendo* mit mir

Du kennst sie doch, die **Liebe**
Und *ich*, ich kenn' sie auch
Wie lange währt sie uns, und – geht sie nicht
Zu allererst durch *zweier* Menschen Bauch

AUF DEM WEG

Wie du deine Worte in Seide kleidest
Und deine Sätze mit Samt umgibst
So umfängst du meine Seele
Mit Zartheit und Wärme

Kann es sein, dass nach Jahren der Verhärtung
Mein Herz sich wieder öffnet
Für ungeahnt Unglaubliches
Für etwas Liebe

Ich hab' gefunden, nie gesucht
Doch was ich fand, das wollt' ich nicht
Sei einfach Strandgut – Du – für mich
Ich bin die Welle, die Dich trägt

Ich bin die Erde, die Dich trocknet
Und bin das Feuer, das Dich wärmt
Und atmest Du, dann bin ich da
Denn ich bin Deiner Seele Luft

Du bist *mein* fünftes Element

EVA

Es ist nicht so wichtig
Dass etwas irgendwie schon
Irgendwie wird
Sondern dass eben *etwas* etwas Gutes wird

Geduld
Zur Liebe
Ist so wichtig

Ich muss verwirrend sein für dich
Wo du doch statt einem Fremden
Gleich drei'n der Sorte Mann gegenüber stehst
Mit denen du vielleicht
So gar kein Morgen fest in's Auge fasst
Es ist sehr wichtig dieses Dreigespann
Denn keiner von uns ist ohne den and'ren

Ein Auto braucht vier Räder
Um sein Gewicht zu halten
Erführ' *ich* dich, dann hätte dies' Gefährt
Gleich tausende davon
Mit dir am Rad, das lenken kann
Doch ich als Rad?! Ich lenke selbst!

Ich nehm' dich lieber in den Arm
Und trage dich nach Hause
So lange du es wirklich willst!

INA

So wenig an Liebe
Habe ich erlebt
In vieler letzter Zeit
Du bist die des Gegenteils
Die mich schon lange in sich trägt
Ohne zu wissen

So komm' ich auf dich zu
Mach' dir nicht Gedanken
Vor allem nicht die meinen
Wie groß muss ein geschlag'nes Herz wohl sein
Um einen Idioten wie mich
Darin Platz nehmen zu lassen

Alleine sind wir nichts
Das wissen wir
Zusammen vielleicht
Gar noch weniger
Ist *das* denn wichtig
Wenn man liebt

Alleine bin ich nichts
Das weiß ich
Mit dir werd' ich unter Umständen
Irgendwann später einmal alt
Oder ich bleib'
Einfach
Ich

SIEGLINDE

So du Gedeih der Erde bist
Und die schönsten Blüten hältst
Die zumeist achtlos abgenabelt werden
Bist du vor allem die Zärtlichkeit
Deines Vollkommens wert

Vergib deine Farben
Nie unter ihrem Sold
Vor allem
Lass' nie bezahl'n
Dafür

Denn du bist
Voll der Wunder
Die viel zu kurz
In viel zu seltenen Momenten
Erscheinen

MICHAELA

Verloren war ich
Und fand mich wieder
In der Tiefe Deiner Augen
Für kurze Zeit nur oder auf auf ewig
Wer weiß

Verzweifelt war ich
Und ohne letzten Atems
Im Aufstieg hoch zu dir
Vor dem ich gar nicht wusste
Dass es Dich geben könnte

Bist Du die Zartsamkeit
Die ich gesehen habe
In Deinen Augen, Deinen Händen
Oder
Bin ich noch immer stets der Träumer
Der g'rade Dich seit je her finden sollte

Wie gescheh'n normalen Menschen
Zuneigung und Liebe
So, dass sie pur sind
Rein und hell
Und richtig sind
Und
G'rade recht
Zum richt'gen Ort

Ach, – lass' mich einfach an mir zweifeln
Und lass' mich Dich ein wenig lieben
Denn vielleicht fühlst Du es ja … sowieso …
Ich war und bin dein Gast und werd' es bleiben
Und so bleibt meine Seele
Sanft an Dir

SYLVIA

So schön bist Du
Und traurig oft
Über ein Leben
Das sich über Dich geworfen hat
Und das die Luft für sich behält
Die Du zum Atmen brauchst

Es liegt an meiner Liebe
Zu den Menschen
Die mir teilend – nahe –
Ihr Schicksal offenbaren
Ohne zu wissen
Dass ich's bereits gesehen hab'

Ich kenn' Dich nicht
Nach all so kurzer Zeit
So blick' ich dennoch in ein Herz
Dem Liebe zu erhalten
So fremd geworden ist
In vielen letzten Jahren

Lass' Dich nur tragen
Ich trage mit
Ich bin der Magier des Lächelns
Ich lieb' es, Deine Augen strahl'n zu seh'n
Während Du aufsteigst
Und Deiner Betroffenheit die Zähne zeigst

ZU LANGE SCHON

Hält Deine Hand auch nur
Ein brennendes Streichholz
So leih' sie mir

Ich bin ein Haufen
Sprödes Holz
Durchnässt vom Regen
Sehr lange schon gelagert
Zu lange schon
Den irdischen Gezeiten
Ausgesetzt

Vielleicht wird's eher
Einer Fackel wohl bedürfen
Um mich zu trocknen
Jedoch entflammt einmal
Reichen Wärme
Und mein Licht
Dein Leben lang

JA, DIE LIEBE …

Gibt es sie
Oder existiert sie lediglich
In uns'rer Phantasie

Schon uns're Vorfahren
Sahen am Himmel
Venus und Mars getrennte Bahnen zieh'n

Beide für sich stark genug
Den jeweils and'ren dennoch hoch zu halten

Im diesem Wechselspiel der Welten …

So ich meine Liebe

Erfahren habe
Gilt auch keine Angst mehr
Für jemandes Überleben

Sie wird uns alle überdauern
Denn sie ist alles
Was wir an Dasein haben

Und g'rade *sie* ist stark genug und
Mag uns das eig'ne bisschen Leben geben

So wir's noch nicht verspielt haben …

(aus „Die Rote Mizzi", Alt-Wiener Vorstadt-Singspiel anno 2007)

AFRIKA

Von Pferden träumte ich
Von falben Himmeln über Bergen
Und Hitze
Die mich zu Boden warf
Von Schafen
Großen, schwarzen Menschen
Und einem Berg im Schnee
Und einer Liebe
Die mir sommersprossig
Meine Liebe war

Von Sahel träumte ich
Von Stürmen über Bäumen
Und Kälte
Die ich derart nie erfuhr bis heut'
Von Sternen und
Von meinem Herz
Dem Diamant der Kalahari
Und dieser Liebe
Die ihr Hab und Gut
An meines trug

Kein Alphabet
Kein Haus
Und
Noch nicht mich

Warte – bitte

Noch ein wenig

MARIA

Ich hab' dir meine Liebe nie verschwiegen
Und hab' sie dennoch nie gezeigt
Ich bin ein Mann und bin hienieden
Dir mehr denn jemals zugeneigt
Willst du mich haben, nimm mich
Jetzt
Oder erst morgen oder auch später
Du hast mich selten je verletzt
Ich war nie Opfer sondern Täter …
Wach' mit mir auf, dann bin ich der
Mit dem die Dinge werden
Ich lieb' dich sowieso viel mehr
Als je ein Mensch auf Erden …

FREUNDE UND BEGLEITER

Rar sind sie geworden
Die Begleiter durch mein Leben
Voll der Kompromisse
Und Eigenlob

Sie können nichts dafür
Zu meinem persönlichen
Anachronismus wurden sie
Ich war's, der verändert hat

Mich selbst zuerst und dann
Die Felder meiner Wertigkeiten
Und dann auch noch die Werte
Die mich heute leiten

Ich war nie gut
Im Hüten falscher Zeugnisse
Die stets doch meine eig'nen waren
Ich habe sie verbrannt

Verbannt sind sie
Und leuchten hell
Im Feuer jenes Turms
Der eben erst entflammt'

Rar sind sie geworden
Die Begleiter heute
Doch nicht von Freunden spreche ich
Ich leg' nur neues Zeugnis ab

DER ALTBEKANNTE HOLZWEG

Er hätt' uns viel zu bieten
Nähmen wir ihm lediglich Substanz
So wär' uns warm um's Herz
Vor allem im Winter

Wer blickt schon gern
Nach links und rechts im Falle des
Zusammentreffens einer Wenigkeit
Mit der – naja – der eig'nen

Wer lässt sich gerne sagen
Er befände sich gerad' und g'rade eben
Auf eben jenem Weg
Zumeist jedoch sehr steil bergab

So – niemand
Der der Schlauheit sich gewiss, wird oft in
Diesen Fettnapf treten und kann in aller Ruhe dann
Zentralgeheizt zum Herrgott beten …

INTRIGENWEBE

Intrigenwebe
Fein gesponnen
Wohlbewolft in Schafpelzjacke
Kommt
Wenn man's auch früher sagte
Heut' nicht mehr
An's Licht der Sonnen

BÜCHER

EIN BUCH

Ein Buch stand dereinst hoch und hehr
in seinem Buchregale.
Besitzer war Herr Irgendwer,
und das war das Fatale.

Als „-alphabet“ war er ein „An-“
und sprachlich nicht zu tragen.
Er nahm das Buch nur in die Hand
um Fliegen zu erschlagen.

Da riss dem Buche dieser Tage
sein letztes Langmutsgarn
und setzte einfach ohne Frage
von selbst zum Tiefflug an.

Es kam von hoch, und es wog schwer
(kein Dichter schreibt vergebens),
und es erschlug Herrn Irgendwer
ohne viel Federlesens.

So kam’s, dass er ganz tot dort lag,
was *nicht* beweist zum Schluss,
dass jeder, der sein Buch nicht mag,
so schnell *so* sterben muss …

EIN BUCH

Ein Buch – gezeichnet vom Kommerz
(vom Inhalt ganz zu schweigen)
wollte trotz allem Herz und Schmerz
in Jeder's Achtung steigen.

Nur – es stand in der Bibliothek
und wurd' nie ausgeliehen
und träumte seinen neuen Weg,
der ihm im Kopf gediehen.

Der Wunsch war groß, die Kräfte spärlich
(wenn man von Energien spricht).
Doch jeder Wunsch wird *dann* gefährlich,
wenn's an der Ausführung gebricht.

So tat es *nur* den ersten Schritt
und ließ sich danach fallen
und fiel somit hinab zum Schnitt
der allermeisten Allen.

Nun lag es krumm und desolat,
was *nicht* beweist zum Schluss,
dass das, was einen Rücken hat,
auch Rückgrat haben muss …

EIN BUCH

Ein Buch, gebeutelt schwer vom Leben,
zerfleddert und schlimm anzuseh'n,
bat seinen Schöpfer um Vergeben.
Es wollt' nur mehr ins Feuer geh'n.

„Was bin ich schon zu heut'ger Zeit?!
Anachronistisch und ein Wrack!
Und ich gestehe – tut mir leid –
auch selbst in neuem Frack…

…wär' ich zerlesen und verschossen
im Inner'n. Wer will mich schon erben?
Drum hab' ich heute auch beschlossen,
den Flammentod zu sterben."

Sein Liebhaber – Herr Irgendwer –
sprach zärtlich: „Du bist meines!
Ich las dich oft, es war nicht schwer,
und ich lieb' *dich*, sonst keines…"

Und so verstrich die Todesfrist,
was uns beweist am End':
Das Wichtigste am Buche ist,
dass es im Herzen brennt …

EIN BUCH

Ein Buch – bedeutend, inhaltsschwer –
ward *einmal* nur gelesen,
und seufzend sprach Herr Irgendwer:
„Das war's dann wohl gewesen.

Zwar bin ich meistens sehr human
was Bücher anbelangt,
doch dieser Mathematik-Kram,
der macht mich einfach krank."

Das Buch kam in die Rundablage
und wurd' gealtpapiert
und landete dann – keine Frage –
wo man erneuert wird.

Es fand Gefallen an dem Wandel.
Weich, rund und in drei Lagen,
so kam es gestern in den Handel
und in den Einkaufswagen.

Was immer uns auch *wann* erfreut –
es zeigt uns klar zum Schluss:
Lesefreud' freiwill'gerseits.
Das *and're* ist ein „Muss"!

EIN BUCH

Ein Buch – in Bütte und in Leder –
war alt geworden mit der Zeit.
Es sprach:„Bewundert hat mich jeder,
von Anbeginn weg und bis heut'.

Als Unikat aus Meisterhand,
das Preise hochgetrieben,
bin ich bis heut' der einz'ge Band
seit Achzehnhundertsieben."

„Und dennoch stehst du ganz allein
seit gut zweihundert Jahren!
Kein Leser will sich an dir freu'n!
Ich lob´ mir meinen Harem!

Als Billigbuch – es klingt banal,
doch bin ich unbefangen –
bin ich schon knapp zehntausend Mal
über den Ladentisch gegangen."

Das Paperback – es war im Dienst –
schwieg lächelnd, was beweist:
Das Alter selbst ist kein Verdienst,
wenn's in die Präpotenz entgleist.

EIN BUCH

Ein Buch, gekommen aus der Fremde,
ward zum Verkauf geboten.
Herrn Irgendwer fiel's in die Hände.
Es sprach von Anekdoten.
Zwar war der Titel in Kyrillisch
(vom Händler kam die Transkribie).
Herr Irgendwer fand es idyllisch,
es passte einfach irgendwie

zu ihm nach Hause ins Regal,
wo and're Bücher wohnten,
und – es war ihm pfeifegal,
ob er es lesen konnte.
Doch wie das Leben eben spielt,
die Neugier wurd' zu groß.
(Gospodin Nachbar kommt ins Bild)
„Was heißt das alles bloß…

Ich habe bildhaft *das* erfasst,
was Zeil' an Zeil' sich reihte
doch hab' ich wohl den Sinn verpasst.
Seite um Seit' und Seite…"
Und so begab sich's, dass Herr Igor
bei literarem Tête-à-tête
ihm Zeil' für Zeile übersetzte
bei sehr viel Wodka und Kaffee.

Herr Irgendwer sprach: „Ich Banause!
Versteh' erst jetzt die Wortpräsenz…"
Herr Igor (trunken) ging nach Hause.
So kommen wir zur Quintessenz:
Nicht nur genügt's, ein Buch zu lesen
(wie hier wohl zu erfahren ist),
es transportiert erst dann sein Wesen,
wenn seine Sprach' uns eigen ist …

EIN BUCH

Ein Buch – im Buchhandlungsregal –
sprach einen klaren Satz:
„Wo zwei von uns zugegen sind,
da hat kein drittes Platz!“

Das zweite rempelte ganz leicht
und frug: „Warum denn nicht?!
vom Inhalt her sind wir doch seicht
und haben wenig an Gewicht…“

„Ach, bist du dumm, du Zwillingsprint!
Null Ahnung. Marketing!
Da *wir* die beiden letzten sind,
blickt *hier* des Kunden Auge hin!“

Der Drilling lag indes versteckt
ganz unten – „Angebote“
und schlief und wurde sanft erweckt
von Karl und Lieselotte.

Die Kinder fanden’s einfach schön,
was doch beweist zum Schluss,
dass das, was wir als „Große“ seh’n,
ein Kind nicht sehen *muss*.

EIN BUCH

Ein Buch stand in der Bibliothek
und schärfte seinen Blick.
Auf einmal zwinkerte ihm zu
ein loses Manuskript.

„Ich lebe völlig ohne Zwang,
und ich bin sehr dramatisch.
Nun – dich nimmt jedermann zur Hand,
Doch du bist mir sympathisch."

Das Buch, euphorisch: „Freie mich!
Ich nehme dich zum Weib.
Ach, meine Leser lieben mich
an Seele, Geist und Leib.

Bei dieser Dreieinfaltigkeit
da *musst* du mich wohl nehmen.
Als loses Blattwerk bist du heut'
zwar Buch, doch ohne Zähne."

Das Script (ohne Verlag bis heut')
in Antwort unumwunden:
„Ich nähm' dich schon, doch einen Deut
bist *du* mir *zu* gebunden…"

EIN BUCH

Ein Buch gefiel sich selbst sehr gut,
und es gefiel auch ander'n.
Somit beschloss es auch partout
von Hand zu Hand zu wandern.

Es wurd' begriffen und zerschlissen,
bald fehlten manche Seiten wohl,
fanden sich dort, wo in Gesellschaft
man sich allein' befinden soll.

Herr Irgendwer erwarb das Exemplar
vorigen Samstag auf dem Markt,
und was kein großes Wunder war,
tat er beim Lesen sich erst hart.

Denn wenn Zusammenhänge fehlen,
bleibt einem nur die Phantasie.
Doch ein's ist schwerlich zu verhehlen:
Herr Irgendwer – er hatte sie.

So dichtete er flugs drauflos,
wenn ihm die Seiten fehlten,
was uns doch klar beweist zum Schluss:
Sie war'n gar nicht vonnöten …

GESCHICHTEN

DÉJÀ-VU

Mit einem Schrei fuhr er aus dem Schlaf hoch, schleuderte seine Beine buchstäblich aus dem Bett und blieb minutenlang wie erstarrt auf der weichen Kante seines Futons sitzen.
Er rang nach Luft und hatte diesen eigenartig-metallischen Gallegeschmack im Mund, geradeso, als hätte er einen starken Schlag auf's Hinterhaupt erhalten.
Und er erkannte wieder einmal, dass er lediglich geträumt hatte.
Maria wurde wach und räkelte sich unter der dünnen Decke, die ihre unübersehbaren Konturen im Gegenlicht der Morgensonne weich und verführerisch nachzeichnete.
Sie wusste bereits Bescheid.
Es hatte vor etwa sieben Wochen begonnen.
Zuerst in Mehrtagesintervallen, dann immer häufiger und seit letzter Woche nahezu täglich.
„Schon wieder der selbe Traum?"
„Scheiße! – Na klar!", entfuhr es ihm.
„Und warum gehst du nicht endlich zu einem dieser Spezialisten? Das ist doch kein Zustand auf die Dauer!"
„Ach, vergiss es", sagte er und massierte seine Schläfen, „die Schmerzen werden ja schon weniger."
Dann stand er auf, streckte sich kurz und legte sich wieder aufs Bett – flach atmend, den Rücken von satter Polsterung gestützt, die Hände hinter seinem Kopf verschränkt.
„Es ist einfach unbegreiflich! Nacht für Nacht der gleiche Irrsinn! Zuerst dieser brennende Schmerz, der mir den Rücken hinaufkriecht, als säßen Termiten in meinem Fleisch, dann plötzlich und ohne Übergang Kopfschmerzen, als hätte ein Blitz eingeschlagen…"
„…und dann die Kreuzschmerzen, die deinen ganzen Körper zu lähmen scheinen … ich weiß."
„…und dann das einzige Bild in meinem Traum: irgend ein Hügel in der Nachmittagssonne, gefolgt von einem sofortigen Blackout, während die Schmerzen unerträglich werden und ich vor Atemnot nahezu ersticke. Und – verdammt noch mal, ich hab' noch immer diesen Ge-

schmack im Mund, als hätte ich literweise Kamelpisse getrunken…"
„Nimm einen Schluck Wein, mein Schatz und denk' an das, was ich dir vorhin gesagt habe."
„Du meinst – ein Arzt?!"
„Genau!"
„Arzt bin ich selbst, und sogar ein guter…"
„…und was nützt dir das schon?! Hast du irgendeine Selbstdiagnose parat, irgendeine Lösung vielleicht, die uns nicht jede Nacht um unsern wohlverdienten Schlaf bringt?! Vielleicht frei nach dem Motto: Hilf dir selbst, dann hilft dir Gott?! – oder was?!"
„Lass' den alten Mann aus dem Spiel, Maria!"
„Gut, dann muss wohl *ich* dafür sorgen, dass du in Zukunft wieder ruhig schläfst."
Und schon begannen Ihre Hände ihr routiniertes Spiel …
„Vergiss doch diesen blöden Traum!", schmollte sie, während ihre Lippen bereits eine feuchte Spur über seinen Oberkörper zogen. Sie wusste genau, wie sie einem Mann das Vergessen erleichtern konnte.
Sie konnte Vergessen *machen* …
Und schon halb über ihm zog Maria Magdalena mit langsamen Bewegungen die dünne Seidendecke von ihrem Körper, legte ihre einladenden Brüste, ihr duftendes Dreieck frei, umschlang seinen Nacken mit ihren Armen …

„…und jetzt küss' mich endlich und mach' mir ein Kind, Nazarener!"

werden
Bei
Pflicht zur
natürliche
führen und
einer GmbH ohne
werden muss, wenn
Vorliegen eines
ist, von Amts wegen zu
der Insolvenzrichter) prüft den
sich nach
gez. Bob

MACH'S GUT, BOB!

Gestatten Sie, mein Name ist Blond, James Blond.
Lachen Sie nicht, aber so ist es eben, und mein Name hat mit dieser Geschichte ebensowenig zu tun wie der Ihre.
Außerdem ist es saukalt in meiner Bude, und ich möchte mich nicht lang und breit über meinen Namen unterhalten, sondern Ihnen lediglich diese eine Geschichte erzählen, bevor ich mir den Arsch abgefroren habe.
Übrigens – ich bin Gelegenheitsschreiber für ein paar Billigblätter im Bezirk, trinke ganz gerne einen guten Schluck, um mich warm und vor allem auf Betriebstemperatur zu halten, und – ich bin vergesslich. Habe wahrscheinlich auch vergessen, die Energierechnung für diesen Monat zu bezahlen, sonst wär's wohl wärmer hier drin.
Naja, kann ich ja noch immer tun, wenn ich hiermit fertig bin.
Wo waren wir stehengeblieben?

Ach ja, bei Bob.

Bei Bob Hopkins, um es genau zu sagen.
Seit gestern wohne ich nämlich endgültig alleine auf meiner Etage, und Bob ist verschwunden, hat mir vierhundert Riesen dagelassen, und keine Sau weiß, wo Bob steckt.
O.K., wir waren vorgestern ziemlich lange unterwegs, und Bob und ich hatten beschlossen, uns einen anzusaufen, was wir dann auch in aller Konsequenz durchgezogen haben. Irgendwann mal in der Nacht dann schrieb er eine Textzeile auf einen Zettel, steckte ihn mir zu und verabschiedete sich. Er fiel mehr als er ging aus dem verrauchten Souterrainlokal in die Nacht hinaus und ward nicht mehr gesehen.
Ach ja, Bob war seit geraumer Zeit ein äußerst bekannter und beliebter Bücherschreiber, aber das war nicht immer so. Und darum versuche ich jetzt – verdammte Saukälte – so ungefähr sechs Jahre zurück zu gehen und beginne dort, wo alles begann. Was sonst …
Ich war schon damals nicht sonderlich erfolgreich, ebensowenig engagiert wie außerdem faul, was mich aber nicht davon abhielt, von Zeit

zu Zeit ein paar lausig recherchierte Artikel zu schreiben, mit deren Erlös ich mich von Monat zu Monat mehr schlecht als recht durchbrachte. Meine Bude im ersten Stock hatte ich billig gemietet, brauchte mir also keine Sorgen zu machen, jemals rausgeschmissen zu werden. Und just zu dieser Zeit starb der alte Jack, mein damaliger Nachbar. Die arme Sau. Konnte nicht mehr raus aus seiner Wohnung und ist einfach verhungert in dem Loch. Klar, wenn man nicht mehr gehen kann, kann man auch nicht mehr einkaufen, und wer nicht einkauft, hat nichts zu fressen. Insoferne war sein Tod nicht nur traurig sondern auch logisch. Jack war also tot, und seine Bude wurde vermietet – an Bob.

Und Bob war damals eine regelrechte Ratte. Grade mal zweiundzwanzig und schon damals völlig daneben. Er soff wie ein Loch, war in jeder Möse zuhause, schwang riesengroße Reden – wenn ihn jemand reden ließ –, plante dieses und jenes Projekt und hielt stets nur einen berechenbaren Bruchteil dessen, was er versprach.

Aber im Grunde war er in Ordnung, und – er hatte meine Sympathie, da ich das ja alles schon kannte. Schließlich war ich auch einmal zweiundzwanzig gewesen.

Bob zog also in des alten Jacks Höhle, und wir wurden innerhalb kurzer Zeit gute Freunde. Mal soffen wir bei ihm, mal betranken wir uns in meiner Bude. Es gab bald nichts mehr, was wir nicht voneinander wussten, und das war gut so …

Bob und ich waren perfekt, nur wusste niemand davon. Und wir ergänzten uns perfekt. Gescheit, aber gescheitert fiel mal der eine, mal der andere der staatlichen Sozialunterstützung zur Last.

Oft hatte Bob mir erzählt, meist schon reichlich benebelt, wie gottverdammt genial er eigentlich sei, und ich glaubte ihm auf's Wort.

„Verdammt, Alter, ich *kann* schreiben, wenn mich nur einer ließe!“, sagte er oft, und ich glaubte ihm. Und meist hielt er mir dann einen Stapel halbfertiger Skripte (die schleppte er immer mit sich ’rum) vor die Nase, fuchtelte blöd damit herum und soff gleichzeitig Bier aus einer der nächststehenden Flaschen, wobei er sich natürlich regelmäßig vollschüttete.

So what!

Zumeist war Bob in solchen Situationen schon ziemlich hinüber, und er leerte sein Bier mehr vor sich hin als in sich hinein. Ich könnte nicht sagen, dass ich ständig nüchterner war, aber jahrelanges Training hatten mir Beherrschung und Trinkbewusstsein gelehrt. So schleppte ich Bob also – wie zumeist – über die Treppen der Wahrheit aus dem Lokal und in Richtung seiner Bude, wo er sich als erstes vor der Lifttüre lautstark übergab. Ich hatte mir das abgewöhnt, denn schließlich kostet ja alles, was du in dich reinschüttest auch Kohle, und davon gab's bei mir noch nie allzu viel.

Wie auch immer - wir hatten wieder einmal eine dieser durchzechten Nächte hinter uns (das muss wohl so vor drei Jahren gewesen sein), hatten beschlossen, endlich richtig stinkreich zu werden, dabei unser letztes Geld ausgegeben und waren unter gegenseitiger Hilfestellung nach Hause gewankt.

Es wäre auch ein schöner, sonniger Morgen geworden, völlig besoffen, kritiklos dem Alltag gegenüber, pleite und dennoch glücklich, wäre da nicht dieser Kerl an Bob's Türe gestanden, der sich als Bediensteter der städtischen Energierechenstelle vorstellte.

Er bestand höflich und distinguiert auf der Begleichung von Bobs offener Rechnung, sonst müsse er die Energieversorgung zu seiner Wohnung abstellen, und das mitten im Januar! Ich kannte das schon. Bob nicht. Also sagte ich „*Gute Nacht*" und ging schlafen.

Was dann passierte, erzählte mir Bob am nächsten Abend.

Und dann kam die Wende. Für Bob. Und …

… es kam alles völlig anders, als Bob und ich es erwartet hatten.

Nachdem ich mich in meine Bude zurückgezogen hatte, änderte der Energiegerichtsvollzieher seine Haltung, ließ den Charmebolzen persönlich heraushängen und bat Bob um die Erlaubnis, mit ihm in die Wohnung gehen zu dürfen. Bob, in seinem Zustand der Trunkenheit zu jeder Verrücktheit aufgelegt, zögerte nicht lange und gab sein Einverständnis durch eine weitausholende Geste seines rechten Armes, eine Geste, die ihm fast das Gleichgewicht gekostet haben musste und die trotz aller Trunkenheit nicht einer gewissen Noblesse entbehrte.

Vermutlich hätte er dem Herrn von der Rechnungsstelle sogar einen geblasen, nur um seine Außenstände los zu werden. Bob war eben so.

Aber es kam – wie gesagt – alles völlig anders.

DER BESUCH

„Mein Name ist nicht von Belang", sagte der Besucher, „aber ich habe ihnen ein Angebot zu machen, ein Angebot, von dem Sie wahrscheinlich schon öfter gehört oder gelesen haben, aber..." , und hier legte der Besucher eine wohldosierte Cäsur ein „...ich bin überzeugt, sie werden dieses Angebot zu schätzen wissen, Mr. Hopkins."
„Ich höre."
„Sie kennen doch sicherlich diesen Herrn Goethe – ein widerlicher Schreiberling des 19. Jahrhunderts. Zügellos in seiner Lebensweise, ebeso lasterhaft wie genial in seinen Werken. Ein für unsere Kreise unangenehmer Zeitgenosse. Ich würde sogar soweit gehen, ihn als versteckten Aufdecker seiner Zeit zu nennen.
Zum Beispiel FAUST.
Sie kennen doch Faust?!"
„Selbstverständlich! Aber was hat das mit meiner unbezahlten Rechnung zu tun?"
„Nun, es ist mir eine Freude, Ihnen mitteilen zu dürfen Mr. Hopkins, dass Sie unter vielen hunderten von Schuldnern ausgewählt worden sind, Ihre Außenstände auf *ganz andere* Art und Weise tilgen zu können, als alle Übrigen..."
Stille.
„Verkaufen Sie mir ihre Seele, und Sie sind aus dem Schneider."
Stille.
Bob war – wie nicht anders zu erwarten – zuerst nur leicht amüsiert, fiel dann allerdings einem jähen Lachanfall anheim, von dem er sich kaum zu erholen schien.
„Meine Seele verkaufen?! ... Mister Sir von Gas und Strom und ohne Belang, Sie sind meiner Meinung nach völlig plemplem!"
„Keineswegs, Mr. Hopkins. Und wenn ich mir ihre – nun, sagen wir – Lebensräumlichkeiten näher besehe, so könnten Sie sicher andere Umstände gebrauchen; Ich meine, in Ihnen schlummern doch Talente, die nie gefördert worden sind, Ambitionen, deren positive Aspekte noch nie von potentiellen und potenten Gönnern näher unter die Lupe genommen wurden. Sie, Mr. Hopkins, sind auf Ihre einzigartige Weise

ebenso einzigartig genial!"
„Weiß ich doch, Mann…"
Bob schien mit einem Male nüchtern, blickte in seiner vergammelten Wohnküche umher und sprach mit erstaunlich festem Unterton weiter.
„Sie haben recht. Ich verdiene Besseres! Nur – wie komme ich dazu?!"
„Ich sagte es schon. Verkaufen Sie mir ihre Seele."
„Ich habe keine Seele!"
„Natürlich haben Sie eine Seele; jeder Mensch besitzt dieses unglaubliche Ding."
„Wenn ich Ihnen sage, so etwas gibt's bei mir nicht zu kaufen, selbst wenn ich wollte. Ich hab ihnen reingeschissen, seit ich sechzehn bin!"
Bob fühlte sich mit einem Male unheimlich bewegt und gestärkt.
„Bei mir gibt's nichts zu holen, nicht mal 'ne gottverdammte Seele! Ich bin seit sechs Jahren nicht mehr Katholik und auch nichts anderes, verstehen sie?!"
Ein paar Fliegen summten munter durch die Küche, und Bob begann, trotz augenscheinlicher Nüchternheit immer noch trunken, sich in die Abwendung von der katholischen Kirche hinein zu brennen. Er begann zu glühen, maßregelte den ihm so verhassten, bigotten Klerus, fuhr Schlitten mit dem Papst und Eisenbahn mit Kardinälen, Bischöfen und Schwarzkitteln, und Mr. Sir begann sich Notizen zu machen.
Und Bob wurde wieder ruhiger.
„Ich hab' keine gottverdammte Seele, die ich verkaufen könnte, selbst wenn ich wollte!". Und nach einer Pause, „Jetzt sicher nicht mehr…"
„Gut so."
„Gut so?! Verdammt noch mal, Sie nennen das gut?! Ich erzähle Ihnen mein halbes gottverdammtes Leben und Sie nennen das *gut*?!"
Bob erwischte eine der Fliegen mit der Klatsche, Mr. Sir zuckte ein wenig zusammen und sprach dann ruhig weiter.
„Es ist erstaunlich, so viel Hass wachsen zu sehen. Nun schön, auch wenn Sie – wie sie sagen – keine Seele mehr haben, ich würde ein Auge zudrücken und Ihnen ein etwas anderes Angebot machen. Wie wäre es zum Beispiel mit: Sie verkaufen mir ihren Hass, und ich gebe Ihnen dieses kleine Kunstwerk als Gegenleistung?!…"
Gleichzeitig nahm er ein unscheinbares Kästchen aus seiner Mantel-

tasche, legte es vor Bob auf den von Zigarettenkippen übersäten Küchentisch und lehnte sich erwartungsvoll zurück. Das Kästchen war kunstvoll ziseliert, schien aus einem Guss und für seine Größe etwas zu schwer zu sein.
„Nun – was sagen Sie dazu?"
„Was soll das? Ich meine – was *ist* das für ein Ding?"
Bob wog das Kästchen in seiner Hand und befand es für zu unscheinbar, um daraus Profit ziehen zu können.
„Ich kann damit nichts anfangen. Kann man's aufmachen?"
„Nein, natürlich nicht. Das würde alles verderben."
Bob verscheuchte eine weitere Fliege mit der Hand.
„Und wozu soll dieses Ding dann gut sein?"
„Es hilft Ihnen, Mr. Hopkins, das zu erreichen, was sie schon immer erreichen wollten, alles, was Sie bisher aufgrund – sagen wir – unangemessener Umstände nicht erreichen konnten."
„Ach nein, tatsächlich?!"
Bob's Sarkasmus bekam wieder Oberwasser.
Doch ungerührt nahm sein Gegenüber den Faden wieder auf.
„Nehmen wir an, ich wollte die Energierechnung bei ihnen kassieren. Gut. Sie nehmen ihr kleines Kästchen, placieren es direkt in ihrer Sicherungsbox, und was passiert?!..."
Mr. Sir nahm das Kästchen an sich und tat wie beschrieben. Er stand auf und bedeutete Bob ihm zu folgen. Draußen vor der Wohnung öffnete er die Sicherungsbox und legte das Kästchen genau unter die Ablesearmatur, die mit Fälligkeitsdatums- und Sperranzeige drohte. Bob fielen nahezu die Augen aus dem Gesicht, als er beobachten konnte, wie das unscheinbare Ding eine zartrosa Aura zu produzieren begann, die auf die elektrische Anlage übergriff. Der Sperrcode – eben noch deutlich sichtbar – verschwand, Strom und Gas begannen wieder zu fließen, die Heizung sprang mit einem hörbaren Knacken an, und trotz des angenehmen Gefühls in Hinblick auf eine warme Behausung überlief Bob ein kalter Schauer.
„Ein guter Trick", meinte er, inzwischen leicht verunsichert, „wie machen Sie das?"
„Weder Trick noch Taschenspielerei. Wünschen Sie sich zum Beispiel

ein Guthaben. Ihr Hass ist für uns noch immer groß genug."
„Nehmen wir an, ich will Strom und Gas für's ganze nächste Jahr, und zwar gratis!"
Und wie zuvor verschwand der aktuelle Stand seiner Strom- und Gasanzeige und zeigte innerhalb von Sekundenbruchteilen die nächste Rechnungsfälligkeit.
Ein Jahr in der Zukunft. Eine Rechnung ohne Saldo.
Mr. Sir ging in die Wohnung zurück.
Bob folgte ihm und schloss die Tür.
Nach einer Pause, in der Bob mehrmals seinen Kopf schüttelte und keinen wirklich klaren Gedanken fassen konnte, sprach er mehr zu sich selbst als zu sonst jemandem: „Ich nehm's. O.K., ich nehm's."
Und er dachte nicht mehr an Fälligkeiten, weder an diesen Mr. Sir von der Energierechenstelle noch an die Mrs. Irgendwie von der Bankbank, die seinen Kredit in regelmäßigen Abständen fällig zu stellen drohte, er dachte nur noch an das kleine Wunderding und seine Wirkung.
„Also, wenn Sie eine Seele wollen, ich hab' keine. Überlassen Sie mir das Ding trotzdem?"
„Natürlich, Mr. Hopkins. Wir haben Geduld. Heute nehmen wir ihren Hass, irgendwann kommen wir schon an das, was wir wollen…"
„Was schulde ich Ihnen?"
„Sie schulden uns nichts, was wir nicht bereits hätten. Den Rest bekommen wir – wie gesagt – schon irgendwann. Guten Tag, Mr. Hopkins." Mr. Sir stand auf, deutete eine kleine Verbeugung an und war im Begriff, sich zu verabschieden, als er sich noch einmal umdrehte und dem erstaunten Bob die Energierechnung vor die Nase hielt.
„Wie Sie wissen, ist sie bereits bezahlt, Mr. Hopkins, würden Sie bitte die Gutschrift quittieren? Nur der Form wegen."
„Die *Gut*schrift?!"
Bob lachte hysterisch.
„Vielleicht mit Blut? Das ist ja in so einem Fall ja wohl üblich…"
„Keineswegs. Heutzutage sind auch wir etwas moderner. Ihr Namenszug – eigenhändig, versteht sich – genügt vollauf."
Eine Hand hob das inzwischen eingeschenkte Bierglas zum Mund, die andere krakelte *„Robert Hopkins"* an eine mit X bezeichnete Stelle der

Energiequittung. Bob schloss die Augen und trank das Glas in einem Zug leer. Als er wieder aufblickte, war Mr. Sir gegangen. Bob holte sein nächstes Bier, sah sich um, und dann vermisste er sogar die Fliegen ein bisschen.
„Es stinkt nicht mal nach Schwefel", dachte er und grinste, „was muss ich gottverdammt noch mal besoffen sein, wenn ich bei hellichtem Tag davon träume, meine Seele verkauft zu haben, obwohl ich gar keine habe..."
Bob schlief traumlos und warf mich gegen acht Uhr abends aus dem Bett.
„Weißt du, was ich geträumt habe?!", plauderte er munter drauflos, „komm rüber, einen trinken, dann erzähl ich's dir."
Seine Wohnung war angenehm warm, und als ich mich setzte, drückte er mir eine gut gekühlte Dose Bier in die Hand.
„Prost, Alter!", sagte er lachend und stieß mit mir an, „ich sag' dir, *das* war ein Traum!"
Und Bob begann zu erzählen ...

DER TEST

Natürlich konnte es so etwas nicht geben, also beschlossen wir, tags darauf die Probe auf's Exempel zu machen. Bob schnappte sich seine Skripten, sein Wunderkästchen und einen SixPack Bier, wir machten uns auf den Weg zu einem x-beliebigen Verlag, den wir aus dem Telefonbuch rausgesucht hatten, und um der ganzen Angelegenheit noch etwas mehr Reiz zu geben, hatten wir uns so gekleidet, als wären wir auf dem Weg zum Ball der Obdachlosen. Der SixPack war schnell aufgebraucht, und wir trugen unsere Fahnen hoch.
Genau in dieser Aufmachung erschienen wir kurz vor der Mittagszeit im Sekretariat des Verlagshauses. Angetan von einigen Dosen Bier und dem Inhalt meines Flachmanns waren wir genau die hochexplosive Einheit, die man sein muss, um Erfolg beim Vorsprechen zu haben. Natürlich flogen wir hochkant raus, noch bevor wir näher als fünf Meter an die Sekretärin des Herrn Verlags rangekommen waren. Tja, mit der Security ist eben nicht gut Kirschen essen. Selbst die Einladung zu

einem Drink schlugen sie aus, bevor wir durch den Hinterausgang geschmissen wurden.
Bob verlor seine Skripten, verlor sein Kästchen, und er verlor seine Beherrschung. Als wir endlich wieder gerade auf beiden Beinen stehen konnten, bedachte er den Verlag mit allem ihm zu Gebote stehenden Fäkalvokabular, das ihm eigen war, dann drehte er sich langsam zu mir um – auf einmal ganz geprügelter Hund –, nahm mich bei beiden Oberarmen und sagte leise „ich weiß, ich bin gut, gottverdammt nochmal, ich weiß es. Und jetzt trinken wir erst mal irgenwo irgendwas, O.K.?!"
O.K., O.K.", sagte ich, denn ich war mindestens seiner Meinung. Der Job war also hinüber, die Skripten fort, genauso wie das Ding. Und Bob drehte sich um und ging wortlos weg, als wäre er allein auf dieser Welt.

DIE FEIER

Zwei Stunden später saßen wir in irgendeiner Branntweinhütte und begossen unseren „Erfolg". Wieder einmal hatten wir es geschafft, genau das Falsche zum falschen Zeitpunkt zu tun, und das nur aufgrund eines verrückten Traumes. Vielleicht hatte Bob das Kästchen schon lange bei sich rumliegen gehabt, was weiß der Teufel auch, und Bob hatte es nur vergessen. Schwachsinn, auch nur im Entferntesten daran glauben zu wollen, Erfolg läge an einem kleinen Scheißding wie diesem. Weg war es sowieso, genau wie Bob's Schreibereien. Sein Glaube an die unendliche Macht des Trinkens allerdings war ungebrochen.
„Prost, Alter!"
Der x-te Weinbrand zum x-ten Bier.
„Auf unseren Erfolg!"
„Scheiß drauf!"
Mit ungebrochenem Willen nach etwas mehr vom bereits Gehabten stolperten wir nach knapp zwei Stunden in unser Stammlokal um's Eck. Nicht, dass wir etwa aufgefallen wären, wir benahmen uns wie immer. Der Wirt allerdings war noch sonderbarer als sonst. Als er an unseren Tisch kam, hatte er nicht – wie gewohnt – zwei Biere und zwei Schnäpse in der Hand, sondern lediglich einen kleinen Karton, den er Bob in die Hand drückte. Dann endlich fragte er uns, was wir trinken

wollten. Im Halbnebel einer Mischung aus Alkohol und Adrenalin bestellten wir eine Flasche von dem, was er uns freiwillig geben würde, nur spaßeshalber, und auf Kreide …
Die Egal-Was-Auch-Immer-Flasche sei schon bezahlt, unsere Schulden übrigens auch, sagte er, und es liege noch ein weiterer Geldbetrag bei ihm hinterm Tresen, der Bob gehöre und brachte eine Flasche Sparky.
„Gib uns noch zwei Bier dazu, das Zeug ist ja so trocken, dass du Husten davon bekommst!"
Bob war wieder in seinem Element, und er begann mit den typisch-unsicheren Bewegungen eines Trinkers den Karton zu öffnen.

DER FETISCH

„Es kommt zu mir zurück!"
Bob hielt das Kästchen zwischen zwei Fingern fest, gerade so, als wolle er es fallenlassen, nahm es dann in die linke Hand und schnappte sich sein Bierglas mit der rechten.
„Alter, wir sollten was trinken. Ich fass' es nicht, da gehst du in so einen Scheißverlag, wirst fast verprügelt, verlierst dein Hab und Gut und dann kommt dieses Scheißding zu dir zurück. Prost!"
„Prost!"
Ich nahm ihm das Kästchen aus der Hand und betrachtete es eingehend. Natürlich war es dasselbe Kästchen, mit dem wir heute vormittag weggegangen waren, um es zu testen. Natürlich hatte es nicht funktioniert, weil es eben bloß ein gottverdammtes, schwarzes Kästchen war, das man nicht öffnen konnte.
Ich erschlug nebenbei eine Fliege, die es sich auf dem Rand meines Bierglases bequem gemacht hatte und trank einen Schluck.
„Und was ist *noch* in dem Karton?", wollte ich wissen.
„Du wirst es nicht fassen, Alter, aber es sind meine Originale. Meine gottverdammten Originale!"
„Schön, und weiter?"
„…und ein gottverdammtes Kuvert."
„Jetzt mach' schon auf!"
Bob riss mit fahrigen Bewegungen den goldgeprägten Umschlag auf

und entnahm ihm ein weißes Blatt, auf dem knappe sieben Zeilen geschrieben waren. In schönster Handschrift und mit teuerster Tinte. Der Füller dazu musste locker so um die dreitausend gekostet haben.

„Sehr geehrter Mr. Hopkins,"

„Sehr geehrter…" Bob las laut und unterbrach sich selbst mit seinem markanten und etwas übersteigerten Lachen.

„Ich habe mit Vergnügen festgestellt, dass Ihr Manuskript – trotz der eher eigenwilligen Art der Präsentation – die ideale Ergänzung unseres Verlagsprogrammes ist. Eine kleine À-contierung wurde für Sie deponiert. Bitte kontaktiern Sie mich während unserer Geschäftszeiten unter der Telefonnummer blablablabla.

Mit freundlichen Grüßen
Ihr sehr ergebener blablablablabla."

„Ich glaub', ich scheiß' mich gleich gestreckte Länge voll an!", sagte Bob leise, „und wieviel Kohle hat das Arschloch da gelassen?!"
„Fünfzig Riesen!". Das Echo von der Bar, „und abzüglich eurer Schulden bleiben immerhin noch knappe vierzig. Alles *roger* mit dir, Bob?!"
„Mhm…"
„Tatsächlich?!"
„Alles O.K.!"
Und Bob ging zum ersten Mal an diesem Tag kotzen, und ich steckte mir die neunundneunzigste Marlboro ins Gesicht.

LIFE IS A FUCKIN' PIZZA

Nachdem sich Bob die Innereien aus dem Leib gereihert hatte (wobei wir alle mithören durften), muss ich wohl nicht extra betonen, dass wir an diesem Tag außer einem SixPack Bier und einem Viertel Liter Brandy (den Sparkling und die beiden Biere jetzt und die Weinbrände und die diversen Biere zuvor nicht mitgerechnet) bisher noch nichts wirk-

lich Festes zwischen die Zähne bekommen hatten. Also beschlossen wir, da Bob ja nun unermesslich reich geworden war, uns den Magen mit etwas italienischer Küche zu füllen. Da unser Stammlokal jedoch nicht über das gewünschte kulinarische Potential verfügte, machten wir das ganze telefonisch.
„Eine Pizza! Kannst du uns 'ne Pizza bestellen?!"
„Logo!"
„Rustikal gehalten und ohne Anchovis, und wenn ich sage *ohne* Anchovis, dann meine ich auch *ohne* Anchovis, klaro?!"
(Bob mochte diese Zitate aus den Super-Mutant-Hero-Turtles-Filmen)
„Geht klar. Ohne Ancho…äääh, -dings – was?!"
„Das sind diese miesen, kleinen, salzigen Dinger aus Fisch!"
„O.K. Also ohne diese Anchovidings."
„Und noch zwei Bier mit Anhang! Danke."
Bob hatte inzwischen wieder etwas an Farbe gewonnen und zog sich zum Ausgleich verlorengegangener Flüssigkeit sein Bier in einer Geschwindigkeit rein, wie ich es trotz genialer Praxis nie und nimmer nachvollziehen würde können.
Der Sparkling war gerade eben völlig trocken geworden, da rauschte der Pizzafritze zur Türe rein und servierte ein Wagenrad, das sich sehen lassen konnte. Natürlich *mit* Anchovis, aber bei meinem Heißhunger war mir das scheißegal. Bob machte sich eben über seinen fünften „Anhang" her, und somit schien sein Magen wieder in Ordnung zu sein. Das nächste Mal würde er frühestens zuhause kotzen. Ich klemmte mir meinen Leatherman zwischen die Finger und begann die Pizza in acht gleich große Teile zu zerschneiden.
Bob fing an zu singen und bestellte noch zwei Anhangs.
Wir spülten die ersten Bissen damit hinunter und bestellten noch zwei davon.
Bob hörte auf zu essen und sang jetzt zu irgendeiner Bluesmelodie.
„Life is a fuckin' horny bitch;
fuck her and she'll getchya rich…"
Ich schlang meine vier Teile runter und sah Bob an.
Er saß da, den Oberkörper leicht nach vorne gebeugt, den Kopf hin und her wiegend und singsangte leise vor sich hin.

„Life is a fuckin' horny bitch;
fuck her and she'll getchya rich…“
„He, Bob, ist dir nicht gut?!“
„I'm alright, my friend!“
Immer wenn er voll besoffen war, versuchte er Englisch zu reden.
„Let's have two more Anhangs, O.K.?!“
Ich bestellte.
„Weißt du, my friend, ich sag' dir eines: Das Leben ist wie eine verdammte…“
Er unterbrach sich und ergab sich einer plötzlichen Eingebung.
„Gottverdammt! Das Leben ist keine verdammte Hure! *No, no, no fukkin' bitch!* Weißt du, was das Leben wirklich ist?!“
Er fiel mir im Sitzen um den Hals und wiegte seinen schwergewordenen Kopf auf meiner linken Schulter.
Er stank furchtbar aus dem Mund, aber das kannte ich ja.
„'s Le-ben ist ei-ne ver-damm-te, Scheiß-piz-za! Detsit. Unweisdauch waa-ru-um?!“
„Sag's mir, Bob.“, und ich steckte mir die verdammt hundertste Marlboro zwischen die Lippen und zündete sie mit meinem Zippo an – ich liebe diesen Klang von billigem Metall auf billigem Metall –, während Bob weiterdeklamierte.
„Du kommst auf die Welt und bist ein Scheißklumpen. Ich meine sowas wie: du bist nichts als formbar. Dann wirst du älter und alles ist Käse oder Wurscht. Wirst du mit Salami belegt, dann haben eine Menge Esel ihre Pfoten im Spiel. Aber immer draufschauen, dass alles ja schön rund bleibt. Mit einer Ausnahme: Calzone. Verstehst du?!
Calzone. Da ist nichts Rundes mehr dran. Da ist dir alles reingeschissen.
Völlig zusammengeklappt, ab in den Ofen, und alles verändert sich.
Du beginnst innerlich zu kochen, wirst außen hart und dann?! - - -
Frisst dich irgend so ein Arschloch.
Das ist vielleicht ein gottverdammtes Scheißleben…
Noch zwei Anhangs bitte!“
„Bob, es reicht für heute.“
„Das wird mein neuer Roman: My life is a Calzone, der Calzone-Man!
Oder so…“

„I'm gonna leave this town, yeah, I think I'll move to Nizza.
I'm hooked on a bloody frown down here, life is a fuckin' pizza…"
Und Bob kippte unter den Tisch und pisste sich die Hosen voll.

CALZONE-MAN

Tags darauf hatte Bob tatsächlich die Konsequenz, bereits am frühen Nachmittag aufzustehen. Er duschte sich den Dreck des Vorabends vom Körper, kam rüber zu mir und verlangte nach meinem Mac. Der war ihm zum Arbeiten lieber als seine abgefuckte Typenradmaschine, die alle zwei Meter die Räder ausspuckte.
„Ganz schöner Filmriss gestern Abend, was?! Hab ich gekotzt?"
„Klar, Mann. Und nicht zu knapp."
„Was war los gestern?"
„Du warst voll bis zum Rand. Weißt du noch, was du alles erzählt hast?"
„Null Ahnung."
„Ist auch besser so. Was willst du schreiben?"
„Weiß noch nicht. Mal sehen."
Bob verschwand in meinem Arbeitszimmer und hob somit den Durchschnitt der täglichen Benützung.
Ich verzog mich in die Küche, entkronkorkte gewohnheitsmäßig zwei Biere und ging damit zurück zu Bob um ihm seinen Anteil zu bringen. Ich konnte nicht umhin, ihm während der Schreiberei über die Schulter zu blicken, und was ich sah, war für mich mehr als bestürzend.
Nichts, rein gar nichts schien von Bobs zynischen und biedermannsverachtenden Formulierungen geblieben zu sein, und sein gerade eben begonnener Text war innerhalb von Minuten auf mehrere Seiten angewachsen.
Klare Formulierungen, wohldosierter Schabernack und eine beklemmende Liebenswürdigkeit, die seinen Text durchdrang, trieben mir den Mageninhalt zurück in die Speiseröhre.
Ich unterbrach ihn kurz.
„Dein Bier, Bob."
„O,K., stell's da hin…", und er deutete mit einer vagen Geste auf ir-

gend eine Stelle des Schreibtisches, „...und jetzt lass mich bitte arbeiten. Danke.“
Kurz und bündig.
Und freundlich.
Das war nicht der Bob den ich kannte.
Normalerweise wäre er bei der kleinsten Unterbrechung in die Luft gegangen, wie man eben als nahezu Geisteskranker explodieren kann.
Aber jetzt ...
Ich stellte sein Bier ab und verdrückte mich ins Wohnzimmer, trank meinen halben Liter aus und legte mich vor die Glotze. *Deep Space Nine* war jetzt genau das Richtige, um mich von meinen Gedanken abzulenken. Ich hatte Science Fiction-Filme schon immer gern gemocht. Im Gegensatz zu Bob, der sich stets bestens auf gesellschaftskritische Thematiken und krassen Zynismus verstand.
Zwei schlappe Stunden später tauchte Bob aus der Versenkung auf, warf mir die Kopien eines Bündels frisch ausgedruckter Manuskriptblätter auf den Bauch und schnappte sich mein Telefon.
„Was dagegen?“
„Ist schon O.K.“
„Ich ruf’ nur kurz den Verlag an.“
Bob kramte in seinen Taschen und fand schließlich was er suchte.
Den Umschlag mit Telefonnummer.
Ich war inzwischen bei Bier Numero Drei angelangt und war dementsprechend bereits zum dritten Mal müde.
Nach dem kurzen Telefonat murmelte Bob so was wie *„Bis dann“* und ging. Ich schwang mich auf die Hufe, holte mir ein neues Bier, machte es mir auf meinem Sofa so gemütlich wie möglich, und dann begann ich zu lesen.
Die Story warf mich um.
Nichts dergleichen hatte ich erwartet, obwohl ich schon vorhin einige Textpassagen kennengelernt hatte.
Ich ging nach hinten zum Schreibtisch. Bobs Bier stand nach wie vor am selben Platz.
Es war bereits warm geworden.
Bob hatte es nicht angerührt ...

Der Bildschirm war immer noch eingeschaltet und warf mir den schier unfassbaren Schluss der Story gnadenlos ins Gesicht.
„*...und sie umarmten einander in der untergehenden Sonne. Ihre Körper erbebten in einem gemeinsamen Schauer, und dann sanken sie eng umschlungen in den warmen Sand. Liebe lag über dem weißen Strand von Symi, ewige Liebe...*“

Das war’s also.
Aber das war nicht mehr Bob.
Mir wurde schlecht, und ich übergab den spärlichen Inhalt meines Mages an die städtische Kanalisation.

ZWISCHENSPIEL

Während ich hier in der Saukälte sitze und Bob’s und meine Geschichte zu Ende zu bringen suche, frage ich mich immer wieder, wie ein Mensch so ganz einfach verschwinden kann. Ich meine, Bob war ja nicht irgend jemand! Er war mein allerbester Freund gewesen (neben Beck’s, Gin-Tonic und Marlboro).
„*...life is a fuckin’ pizza, you make it vanish part by part...*“
Ich denke, ich geh’ für den Rest des Tages ins Kaffeehaus nebenan. Wärme tanken. Ich muss mich besser konzentrieren.

DIESE VIER WÄNDE

Bob kam gegen Achzehn-NullNull zurück, strahlend und bester Laune.
„Sie verlegen meine Gedichte!“, sagte er.
„Was hab’ ich dir immer schon getrommelt und gepfiffen, Alter. Ich hab’s immer schon gewusst: Irgendwann..., und jetzt gerade ist *„irgendwann“*. Hat du ’n Bier?“
„Im Kühlschrank. Nimm dir ein’s.“
Ich war ziemlich beschissen drauf, und ich wusste auch warum.
Bob hatte auf einmal Erfolg und ich nicht!
Auch wenn er – meiner Meinung nach – einen literarisch ziemlich dilettantischen Stil verfolgte, sein Stil schien zu ziehen, und Bob setzte

sich voll auf diese Welle …
Bob kam von der Tränke zurück.
„Jetzt geht's los, Alter, jetzt hab ich sie am Arsch! Weißt du was?! Sie haben sogar die Story von heute Mittag gekauft."
„Und was wird mit deinem Calzone-Man?!"
„Hä?!"
„Die Geschichte über dein, mein, unser aller Leben. Etwa schon vergessen?!"
„Keine Ahnung, was du meinst. Aber das Leben ist ein Wahnsinn. Irrsinn. Vor allem dann, wenn du die richtigen Leute kennst."
- - -
„He, Alter, was ist denn los?! Freu' dich mit mir! Ich hab' nämlich wieder Kohle gekriegt."
Und Bob zog einen Scheck aus seiner Brusttasche.
Trotz meiner miesen Laune ging mir nach Beäugen der Summe ein anerkennender Pfiff über die Lippen.
„Ich zahl' deine Außenstände, das schuld' ich dir. Du bist mein bester Freund!", und Bob umarmte mich mit einer Heftigkeit, die mir fast unangenehm war.
Telefon.
„Ja bitte?! - wer? - - - Für dich, Bob. Beatrice."
Beatrice? Meine Augenbrauen waren ein einziges, großes Fragezeichen. Nun, es stellte sich im Laufe des Telefonats heraus, dass Beatrice die Verlagssekretärin war, an die wir vor kurzem noch nicht mal näher als fünf Meter herangekommen waren, und wie es aussah, hatte Bob sie bereits in der Tasche; am wahrscheinlichsten dort, wo linke und rechte Hosentasche einander die Hand schüttelten.
Ich wurde von Minute zu Minute ungehaltener. Doch Bob konnte nichts dafür. Er hatte sich offenbar einen Markt erschlossen, und ich war dort, wo ich schon immer gewesen war. Ich – immer noch der selbe, versoffene Gelegenheitsschreiber in seiner miesen, billigen Bude …
Natürlich war es der blanke Neid, der nicht nur meinen Magen sauer werden ließ, natürlich war *auch ich* scharf auf einen knackigen, jungen Arsch, aber das schien von jetzt an wohl alles Bob vorbehalten zu sein.
Bob, du verdammter Hurensohn, was geht mit dir vor?…

Du kommst raus aus der Scheiße, hast mit einem Mal keine Lust mehr, die Gegend mit deinem Schwanz durchzupflügen, sondern hast sogar ein echtes Date mit einer Tussi aus den höheren Etagen; mich bringt der Neid fast um, und die Decke fällt mir auf den Kopf. Bist du echt so gut oder liegst du nur gut im Trend, oder kann ich das blöde, schwarze Ding dafür verantwortlich machen?! Blödsinn!
Aber – ich seh' schon – du kommst bald groß raus, und ich glaube nicht, dass ich noch schnell genug bin, um diesen Trip mit dir zu machen.
Und ich muss raus hier!
Bloß raus aus diesen gottverdammten vier Wänden ... und das tat ich.

KITSCH & CASH

Ich hatte meine letzten Scheine zusammengekratzt und fand erst wieder richtig zu mir, als ich bereits beim fünften oder sechsten Bier saß. Gottseidank kannte mich hier niemand, denn ich musste einen erbärmlichen Eindruck erweckt haben. Im Dunst der Branntweinkneipe hielten sich etwa acht Personen auf; alle mehr oder wenig schwankend, vom Leben gezeichnet, vom Alkohol entweder aufgewühlt oder apathisiert. Ich war keine Ausnahme, ich, der ich da saß und trotz genügend an Sprit keinen klaren Gedanken fassen konnte.
„Ein Bier noch!"
Je mehr ich darüber nachdachte, *was* passiert war, *wie es* passiert war, dass Bob mit einem Male und praktisch über Nacht zum Shooting Star eines ihm völlig unbekannten Verlages geworden war, desto mehr geriet ich in Verwirrung, desto mehr schrieb ich nicht *Bob* seinen Erfolg zu, sondern immer mehr diesem verdammten schwarzen Ding.
„Es gibt mehr Dinge zwischen Himmel und Erde...". Shit!
Ich konnte es nicht fassen und wollte es – verdammt noch mal – noch weniger *glauben*!
Aber ich wollte es wissen.
Mein Bier verschwand an der ihm zugeteilten Stelle, und ich verschwand kurz, um meinen Stoffwechsel zu aktivieren. Dann ging ich.
Als ich nach Hause kam, saß Bob bereits wieder an meinem Mac und hämmerte in die Tastatur.

„Hi, Bob."
„Auch so viel. Hast du Kaffee?"
„Logo."
„Bitte mit Milch; ohne Zucker. Danke."
Mir schien, als wäre ich zu Besuch bei mir.
Ich fühlte mich wie Luft in meiner eigenen Wohnung, und Bob atmete mich ein und aus, wie er gerade wollte. Verdammt, wie kam er auf einmal dazu, mich wie einen Laufburschen zu behandeln, bloß weil er grade mal eben ein paar seiner Schreibereien erfolgreich zu Kohle gemacht hatte. Gut, er kam für meine Außenstände auf, das war großzügig von ihm, und es tat meinen maroden Finanzen gut …
Hey, Mann – so konnte es aber trotzdem nicht gehen.
Ich war zornig. Ich war böse. Ich machte Kaffee.
„Danke."
Bob trank einen Schluck, ohne vom Bildschirm aufzublicken.
„Du säufst zuviel, Alter. Hast 'ne Fahne bis hierher."
Schiss der Papst in den Wald? Waren die Bären katholisch geworden, oder pfiffen die Wildschweine Tango?! Bob hatte mich gemaßregelt.
Bob, Bob, Bob… Mann, jetzt hab' ich aber was gut bei dir, du Arsch!
„Fahne ist mir egal. Ich geh' runter was trinken. Kommst du mit?"
„Mhm."
„Ob du mitkommst?!!"
„Keine Zeit, ich schreib' das erst mal fertig."
„Was?"
„Eine Fortsetzung. Verstehst du? Beatrice hat gemeint, die Story wäre gut und bräuchte 'ne Fortsetzung, und *die* schreib' ich gerade."
Bob, du Nutte, du gottverdammte Nutte. Schnupperst ein bisschen große Welt und lässt dich dafür gleich in den Arsch ficken. Wo sind deine Ideale geblieben? Dein wunderbarer Sarkasmus, deine gewandten Metaphern, deine Unbestechlichkeit, dein stolzer Zorn auf ein korruptes Establishment?…
„Ich komm' vielleicht später nach, O.K.?"
„O.K., Bob. Vielleicht…"
Letzter Blick auf den Bildschirm.
„…Jean-Louis schloss die Tür hinter sich ab und drückte die Stewar-

dess in die hinterste Ecke der Bar. Sie wehrte sich nur zum Schein, und Jean-Louis rammte sich mit all seiner Männlichkeit in ihr fest. Ihre spitzen Schreie wurden nur noch vom Hämmern des Disco-Sounds übertönt...“
Ich musste gehen.
Ich ging.
Rasch.

RISE & SHINE

Ich muss gestehen, ich war ziemlich voll, als ich gegen 11 Uhr abends heimkam. Bob war nicht nachgekommen, und so hatte ich zwangsweise für mich alleine trinken müssen. Was heißt hier: *Ich musste*, ich tat es einfach. Und was heißt hier *„Einfach“*. Es war ganz und gar nicht einfach.
Ich trank vor mich hin, weil ich völlig neben mir stand. Und mein *„Nebenmir“* war kein guter Unterhalter. Der Wirt auch nicht.
Als ich mich meiner Kleidung entledigte, fiel mein Blick auf eine Notiz, die Bob offensichtlich für mich hinterlassen hatte.
„Beatrice hat angerufen. Treffe sie heute Abend. Grüße. Bob“
Ich konnte mir die beiden so richtig vorstellen, in Beatrices Wohnung, Champagner, gedämpftes Licht und Bob, in die schwarzen Tiefen des Establishments vordringend.
„... Ihre spitzen Schreie wurden nur noch vom Hämmern des Disco-Sounds übertönt...“
Der Würgereiz wurde wieder übermächtig ...

Bob ließ sich etwa eine Woche nicht blicken. Er hatte ein Kuvert auf dem Küchentisch zurückgelassen, in dem sich genug Scheine fanden, um diese eine Woche locker zu übertrinken, was ich auch tat.
Natürlich war ich nicht unbedingt stolz auf meine Lage und erst recht nicht stolz auf mich, aber irgendwie wurde auch mein Zorn auf Bob nicht kleiner, im Gegenteil.
Aber – was hatte dieses arrogante Arschloch, was ich *nicht* hatte? Glück? Protektion? Ein kleines, schwarzes Kästchen?

Es war Sonntag.
Ich klaute eine Zeitung aus dem automatischen Dispenser vor unserem Haus und las sie lustlos und verkatert von vorne bis hinten durch. Ich bemerkte, dass mein Morgenmantel bereits den gewissen Eigengeruch hatte, den ich nicht sonderlich an ihm schätzte, also beschloss ich, einen sonntäglichen Waschtag einzulegen.
Mitten hinein in meine eher seltenen Reinigungsambitionen platzten plötzlich Bob und Beatrice.
Ich erkannte ihn fast nicht wieder. Anstatt – wie gewöhnlich – mit seinem permanenten Fünftagesbart versehen, war Bob frisch rasiert, trug keine Jeans, sondern eine dieser typischen Fuzzy-Trousers, die man nicht unter Zweitausend bekommt und ein Sakko, von dessen Optik ich bisher schlimmstenfalls in Alpträumen heimgesucht worden war. An seinem Gürtel war eine kleine rechteckige Ledertasche befestigt (natürlich *ton sur ton*), in der er sein schwarzes, magisches Kästchen mit sich rumtrug. Es schien wirklich Wirkung zu zeigen, denn Bob sah dermaßen gut aus, dass ich, als ich die beiden sah, am liebsten unter Feuer und Schwefelgestank zur Hölle gefahren wäre.
Ich verscheuchte eine Fliege mit der rechten Hand und bat die beiden mit einer mehr oder weniger einladenden Geste meiner linken, weiterzukommen.
„Hast du schon gesehen?"
Bob drückte mir eine Zeitung in die Hand.
Kein *„Hallo, wie gehts"*, keine Umarmung, kein *„Schön, Dich zu sehen"*, nur: *„Hast du schon gesehen?"*
Das war nicht mehr Bob, das war Mr. Hyde – eiskalt.
„Bin in der Zeitung. War nicht gerade leicht, da rein zu kommen, aber ich bin drin."
Bob hielt mir das Titelblatt vors Gesicht.
„…und Beatrice hat das Ihre dazu getan."
Er küsste sie ungeniert.
Beatrice quietschte und kniff Bob in den Hintern.
„Ich sag' dir, Alter, ab jetzt gibt es nichts mehr, was mich aufhalten wird. Jetzt geht's aufwärts. Weißt du was: …", und während Bob monologisierte, gingen wir ins Wohnzimmer, um dort Platz zu nehmen,

„...wir werden sehen, dass wir einen Steady-Job für dich kriegen. Ist doch kein Leben so...“
„Danke, Bob, aber ich mach’ das schon selbst.“
Es war, als wäre Bobs ursprüngliche Persönlichkeit ausradiert worden. Er laberte wie einer dieser schleimenden Agenturfritzen, jedes zweite Wort war „ich“ oder „on Top“, und ich war froh, als Beatrice endlich zum Aufbruch drängte.
Hatte mich Bob früher „Alter“ genannt, so hatte das kumpelhaft und freundschaflich geklungen und war auch so gemeint gewesen. Jetzt aber schien mir dieses Wort fast zur Beleidigung herabgewürdigt. Sicher, ich fühlte mich manchmal verdammt alt, aber *so* alt nun auch wieder nicht, um nicht doch noch einiges in’s Rollen zu bringen.
Ich sah Bob lange nicht persönlich, lediglich in den Zeitungen las ich über ihn. *„Robert Hopkins, der Genius der literarischen Cirkel“*, *„Hopkins in den Top Ten der Bestsellerlisten“*, *„Bob Hopkins - der Teufelskerl“*, *„Vom Penner zum Super-Star“*, und so weiter und so fort. Selbst beim Fernsehen wurde ich nicht verschont. Talk-Shows, Sponsorauftritte, Werbeverträge. Bob Hopkins war an der Spitze und hatte längst vergessen, dass er mir eigentlich einen Job besorgen wollte. Einflussreich genug wäre er ja jetzt gewesen ...
Oft in diesen langen Tagen und Nächten dachte ich an die Zeit, als er sich noch – als kleiner, versoffener Niemand – mit mir die Nächte um die Ohren geschlagen hatte. Neidlos, erfolglos, verschuldet, gescheitert, jedoch ohne Allüren ...
Ich drehte wieder einmal den Fernseher an und setzte mich mit einem Bier bewaffnet davor. Prime-Time-TV. Nachrichten, Wetter, Kultur.
„Wir bringen ein Special-Feature über den Shooting Star dieses Jahres: Mr. Robert Hopkins – Seine Karriere“.
Also wieder einmal Bob.
Aber ich hatte nicht die Energie, den Kasten abzudrehen.
Lustlos lutschte ich an meiner Bierflasche rum und döste vor mich hin.
„...wie Sie dazu kamen, den ersten Schritt zu Ihrer zwar noch kurzen, aber äußerst intensiven und erfolgreichen Karriere zu tun?“
„Zum Teufel auch, was eine Frage. Ich habe natürlich meine Seele verkauft, hahaha!“

„Ihre Seele, Mr. Hopkins? Wie können Sie sagen, Sie hätten Ihre Seele verkauft, wenn doch jedes Ihrer Bücher voll damit ist, ein Punkt in Ihrer Arbeit, der in Ihrer Leserschaft genau das hervorruft, was für einen Bestsellerautor wichtig ist: Sie haben sich „die Seele aus dem Leib" und sich damit in die Herzen Ihrer Leser geschrieben. Ist es nicht so?"
„Sehen Sie. Nicht meine Seele steckt in meinen Büchern. Ich selbst stecke da drin. Wissen Sie, je erfolgreicher ich mit meiner Arbeit bin, desto mehr gehe ich körperlich darin auf, desto mehr kann ich fühlen, wie mich meine Arbeit voll und ganz durchdringt."
„Schreiben ist für Sie also körperliche Arbeit?"
„Nicht direkt. Ich sitze schließlich nur vor dem Computer und tippe, was ich spüre. Es ist mehr so etwas wie - Ich fühle jedes meiner Bücher, und das mit jeder einzelnen Faser meines Körpers."
„...und genau ***das*** *ist es, was Ihre Leser wohl auch fühlen.* ***Das*** *also ist das Rezept Ihres Erfolges?"*
„Ich denke schon. Es ist so, wie einen guten Song zu schreiben. Sie träumen davon, haben einen guten Text dazu, verwirklichen die Melodie und stellen sich damit auf die Bühne. Wenn Ihr Körper bei der Präsentation nicht mitspielt, wird der Song ein Flop. Leben Sie den Song, wird's ein Hit...
Ich glaube nicht an eine Seele. Grenzenlose Körperlichkeit ist weitaus überzeugender und bringt Sie dorthin, wo der Erfolg wohnt."
– (Umschnitt auf Beatrices Gesicht. Sie lächelt und nickt heftig.) –
„Wann haben Sie diese Erkenntnis gewonnen, Mr. Hopkins?"
„Ach, wissen Sie, das ist schon eine Zeit lang her, ich weiß nicht mehr genau..."
Bob sah nicht wirklich gut aus. Speziell bei einer Nahaufnahme bemerkte ich, dass er offensichtlich unter Haarausfall litt. Die Maske war zwar gut gewesen und hatte Bobs Frisur fürs Fernsehen recht fein hingekriegt, dennoch ...
Auch seine Augen gefielen mir nicht.
Die dunklen Ringe waren zwar nahezu überschminkt worden, aber da ich Bob weitaus besser kannte als irgend jemand sonst, blieb mir der abwesende Ausdruck in seinem Blick nicht verborgen.

Das Interview lief den gewohnten Gang eines Interviews und ich achtete nicht weiter auf die Fragen und Antworten. Ich hätte sie auswendig hersagen können.

„...folgen nun Spätnachrichten."

Ich drehte den Kasten ab und ging in mein Stammlokal um's Eck.

Bis ich schlafen konnte, hatten mehrere Biere für mich ihr Leben lassen müssen.

DER BESUCH

Ich weiß nicht, wie lange ich geschlafen hatte, jedenfalls war ich absolut noch nicht aufstehreif. Das anhaltende Klingeln an meiner Wohnungstüre allerdings war zu ununterbrochen, um es ignorieren zu können.

Ich öffnete und fuhr erschrocken zurück. Es war Bob. Aber es war nicht *der* Bob, den ich gestern Abend noch als strahlenden Trendautor gesehen hatte. Wer oder was da vor mir stand, hatte nicht mehr das Geringste mit *dem* Bob zu tun, den ich kannte.

„Du hast es gesehen, gestern Abend."

Das war keine Frage, es war eine Feststellung.

„Ja, natürlich. Aber – komm doch erst mal rein, Bob."

„Es war eine Aufzeichnung, ein halbes Jahr alt. Gib mir was Flüssiges - - - bitte."

„Klar, Bob. Setz dich."

Bob sah furchtbar aus. Sein Haar war zur Gänze ausgefallen, seine Fingernägel – die wenigen, die er noch besaß – waren bräunlich-gelb verfärbt, seine Wangen waren eingefallen, so, als blicke mich der leibhaftige Tod an.

„Die sind dahintergekommen, wie sie mich kriegen können, genau vor einem halben Jahr."

„*Wer* ist hinter *was* gekommen?!"

„Na *die*. Du weißt doch noch – vor ein paar Jahren. Die Sache mit dem Strom und dem Kerl von der Rechnungsstelle."

„Ja, ich erinnere mich gut."

„Jetzt haben sie mich."

„Red' keinen Blödsinn, Bob. Was *du* brauchst ist ein guter Arzt."
„Ich hab' das schwarze Kästchen weggeworfen, gleich nach der Aufzeichnung damals. Hat nichts mehr genützt."
Ich stellte ihm einen doppelten Brandy hin und sah ihm direkt in die Augen.
Seine Pupillen waren extrem geweitet, dahinter Leere, graue, endlose Leere.
Bob schüttete den Brandy in sich hinein, als wär's Wasser und hielt mir stumm sein Glas hin. Ich schenkte kommentarlos nach.
„Du kennst noch nicht die ganze Geschichte, mein Freund", sagte Bob, „es ist weitaus schlimmer, als du denkst. Beatrice hat mich rausgeworfen. Wie siehts in meiner alten Bude aus? Kann man noch darin wohnen? Ich meine, ich habe all die Zeit die Miete bezahlt. Sogar Strom und Gas."
Bob lachte müde, „…ja, sogar Strom und Gas…"
„Deine Bude ist O.K., du kannst jederzeit rein."
Ich holte den Schlüssel und drückte ihn Bob in die Hand.
„Hier. Geh' rüber und schlaf' dich aus."
„Wenn's dir nichts ausmacht, bleibe ich lieber heute Nacht hier. Ich halt's nicht aus, alleine…"
„Kein Problem. Leg' dich hin."
Und Bob streckte sich langsam und mit müden Bewegungen auf meinem Sofa aus und war innerhalb von Minuten eingeschlafen. Seine Hand hing über die Sofakante hinaus und schaukelte im Rhythmus seiner Atemzüge leicht hin und her.
„Gute Nacht, Bob. Gute Nacht."
Aber er hörte mich nicht mehr, und mir war mit einem Male gar nicht gut.
Jetzt brauchte ich Menschen um mich. Viele Menschen.

ALTE ZEITEN

Es war bereits heller Tag, als ich leise meine Wohnung betrat, um Bob nur ja nicht zu wecken. Er lag noch immer so da, wie ich ihn am Vorabend verlassen hatte. Mit dem einem Unterschied. Zwar pendelte sei-

ne Hand noch immer hin und her, jedoch waren die verbliebenen Fingernägel verschwunden.
Ich untersuchte den Teppichboden, wo sie liegen mussten (was immer auch abfällt, musste irgendwo sein), konnte aber keine Spur entdecken. Leicht betrunken wie ich war, entschied ich mich fürs Schlafengehen und dachte nicht weiter darüber nach. Es war mir auch nicht aufgefallen, dass an Bobs rechter Hand zwei Finger fehlten, die gestern noch drangewesen waren …
Ich erwachte am späten Nachmittag durch ein Rumoren in der Küche. So stand ich auf, ging hinaus und sah Bob im Kampf mit Töpfen und allerlei anderem Geschirr.
„Morgen!"
„Kaffee?"
„Gerne."
Und Bob schenkte uns zwei Tassen ein.
Schweigend schlürften wir das Gebräu in uns hinein.
Pause.
„Ich würde gerne einen draufmachen."
„Du?! Seit wann bist du wieder unterwegs?"
„Seit eben jetzt. Ich habe das Gefühl, seitdem ich wieder da bin, ich meine, da, wo ich hergekommen bin, fühl' ich mich besser."
„Und Beatrice?"
„Vergiss sie."
„Und was ist mit deinen Büchern, deiner Kohle und alldem?"
„Ach, weißt du, die Bücher … verkaufen sich immer noch gut. Kohle hab' ich bis an mein Lebensende genug. Reicht sogar für zwei. Und er holte aus seiner linken Jackentasche ein Bündel mit Scheinen – so eine Menge Kies hatte ich in meinem ganzen Leben noch nie auf einem Haufen gesehen – und legte es auf den Küchentisch.
„Da. Gehört dir. Hastd' dir echt verdient."
„Wodurch?"
„Ach, hör' doch auf. Die ganzen letzten Jahre. Hast dich um meine Bude gekümmert, hast mich ertragen und meine Scheißallüren einfach geschluckt. Du solltest mich eigentlich rauswerfen, so wie ich mich aufgeführt habe."

„Hey, Mann! Natürlich war ich sauer auf dich, der du auf einmal den Erfolg gepachtet zu haben schienst und auf alles gepfiffen hast, was dir einmal wert und teuer gewesen ist. O.K. Die Zeiten sind vorbei. Du bist wieder auf dem Boden. Willkommen daheim, Bob!"
Und wir stießen mit unseren Kaffeetassen an und lachten und alberten herum, als hätte es die Jahre dazwischen nie gegeben.
„Und heute Abend machen wir einen drauf."
„Worauf du einen lassen kannst!"

DIE FEIER (II)

Der Wirt meines (und Bobs ehemaligen) Stammlokals schmiss die ersten Runden. Bob legte ein paar große Scheine auf den Tresen, und somit war der Abend finanziell gelaufen. Keiner machte sich mehr irgendwelche Sorgen ums Bezahlen. Am allerwenigsten wir – Bob und ich. Wir hatten beschlossen, uns heute so richtig einen anzuzüchten, und wir waren in aller Konsequenz auf dem besten Weg dazu. Was mir allerdings einiges Kopfzerbrechen bereitete war Bobs Inkontinenz beim Saufen. Alle paar Minuten lief er raus und entledigte sich seines Getränkekonsums.
„Ich glaube, so was wie eine Blase hab ich nicht mehr, die muss wohl schon weg sein.", meinte er nach dem x-ten Mal Pinkeln und bestellte noch eine Runde.
Wir saßen gemütlich an einem Tisch im Hintergrund und hatten unseren Spaß, das heißt, ich hatte meinen Spaß. Bei Bob war ich mir nicht wirklich sicher.
Gut, er lachte über jeden dreckigen Witz, der erzählt wurde, freute sich über jede Runde, die ein anderer Gast bezahlte und wurde nicht müde, immer und immer wieder zu betonen, dass er unendlich froh sei, wieder zu Hause zu sein.
Bob verfiel an diesem Abend unwahrscheinlich rasch. Nicht, dass er betrunkener als sonst früher geworden wäre, ich war nur ständig in Sorge, dass Bob auseinanderbrechen könnte, so mager war er. Das war mir bisher noch gar nicht so richtig aufgefallen. Zeitweise saß er da, lauschte der Musik, lächelte, als ob er nicht von dieser Welt wäre und

reagierte auf direkte Ansprache oftmals nur mit einem Nicken seines Kopfes, wobei ihm sogar diese kleine Geste der Kommunikation schon Schmerzen zu bereiten schien. Im vierten Stadium meiner persönlichen Trunkenheit sprach ich Bob direkt darauf an.
„Sag mal, Junge, wie ist das eigentlich mit deiner Krankheit? Fallen dir da noch mehr Nägel aus, oder wachsen die wieder nach oder wie?!"
„Das ist normal seit einem halben Jahr."
Und er zeigte mir seine rechte Hand, an der bereits vier Finger fehlten.
„Ich vermisse sie nicht einmal.", sagte Bob.
„Es ist wie Nach-Hause-Gehen. Aber halt Stück für Stück."
„Du spinnst. Bob, du spinnst!"
„Du solltest erst mal meine Füße sehen. Da ist nicht mehr viel dran. Bitte – frag' mich nicht, wohin das alles verschwindet. Es ist einfach fort. Weg..."
Und Bob verfiel wieder in dieses eigenartige Schweigen, dem sich ein Lächeln zugesellte, das tatsächlich unirdisch war.
Ich war versucht, ihn nach seinem Schwanz zu fragen, ob *der* wenigstens noch da sei. Schließlich wäre das ja wirklich zu blöd, wenn ..., unterließ es dann jedoch.
„Lokalrunde!", dröhnte der Wirt und winkte uns zur Bar.
Ich sprang auf die Beine, musste Bob allerdings beim Aufstehen helfen, denn er sah aus wie ein Schlafwandler.
„Alles in Ordnung, Bob?!"
„Alles *roger*, my friend! Let's have a Lokalrunde auf house. Gut?!"
Wir wankten zur Bar und kippten einen Doppelten.
Bob stand neben mir und schien immer blasser zu werden. Ich hatte den verdammten Eindruck, als wäre er durchsichtig. Aber das lag wohl am Alkohol, von dem wir bereits mehr als verträglich intus hatten.
Ich orderte trotzdem noch ein Set vom Feinsten und wir prosteten einander zu. Bob stützte sich mit dem linken Arm auf die Theke und versuchte, aufrecht zu stehen. In dem Moment als er trinken wollte, versagte aber sein linker Arm, und er knallte mit dem Oberkörper auf den Tresen.
„Bob, was ist los, Mann?!"
„Ich bin O.K., aber ich muss kurz raus."

Bob war transparent wie ein Gazestreifen.
„Ich helf' dir."
Bob stützte sich mit seinem rechten Arm auf mich.
Ich packte seinen linken Arm, das heißt, ich wollte ihn packen, aber er war nicht mehr da. Dort wo ich ihn vermutete, griff ich auf einen halben Brustkorb, und ein loser Ärmel baumelte ins Leere. Der Arm und Bob's halber Oberkörper waren verschwunden.
Ich blickte Bob an.
Seine Nase und Augenbrauen lösten sich auf, aber gottverdammt noch mal – niemand außer mir schien Notiz davon zu nehmen.
War ich schon *so* besoffen, oder was?! „Hey, Bob, was..."
„Lass mich! Ich schaff' das schon alleine, das geht *nur mich* was an. Setz dich hin!"
Die klirrende Schärfe in Bobs Stimme stach in mein Trommelfell.
„Gib mir einen Zettel und was zu Schreiben. Danke."
Bob schmierte mit dem Stummel seiner rechten verbliebenen Hand ein paar Zeilen hin und schob den Wisch zusammengeknüllt in die Brusttasche meines Hemdes.
„...und jetzt muss ich raus. Alleine!"

Bob fiel – mehr als er ging – aus unserem Stammlokal.

Ich folgte ihm Sekunden später.

Bob war nicht zu sehen ...

ZWISCHENSPIEL

Eben wollte ich telefonieren. Geht ja nicht. Ist ja auch abgestellt. Schon ziemlich lange. Seltsam, dass einem Dinge wie Telefon nicht wirklich fehlen. Ruft sowieso keiner an.
Also – wo waren wir stehengeblieben?
Ach ja, bei ...

Entschuldigen Sie bitte die kurze Unterbrechung. Es hat geklingelt.

ENDSPIEL

„Mr. Blond?“
„Ja.“
„Mr. James Blond?!“
„Ja!“

Mein Gott! Bob’s Augen sehen mich an!

„Ich komme von der Telekommunikationsrechenstelle und bin beauftragt, Ihre Telefonanlage abzubauen und mitzunehmen.

Bob’s Stimme spricht zu mir!

Mr. Blond, Sie sind bereits vier Monate im Zahlungsrückstand!“

„Ich weiß.“

„Aber um es Ihnen ein wenig leichter zu machen, bin ich befugt, Ihnen ein Angebot zu machen, ein Angebot, von dem Sie sicherlich schon öfter gehört oder gelesen haben…“

Ich nestle in der Brusttasche meines Hemdes ’rum und finde den Zettel.

„…life is a fuckin’ pizza, you make it vanish part by part…“

„Hier!“, sage ich und drücke ihm den Wisch in die Hand.
Dann schließe ich leise die Tür.

„Mach’s gut, Bob.“, denke ich.

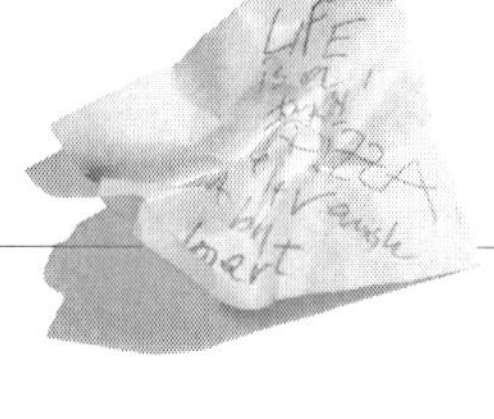

… und es folgt ………….

Eine ganz normale
Weihnachtsgeschichte

EINE GANZ NORMALE WEIHNACHTSGESCHICHTE

Unvergleichliche Ruhe und Stille waren über unser trautes Zuhause geradezu hereinerbrochen worden.
Mit einem Male hatte es aufgehört, den werbespotähnlichen Trubel in unseren Köpfen ständig und in sich pausenlos wiederholender Endlosschleife abzuspielen – Es wurde Weihnachten.
Wie eine warme, mollige Wolldecke breiteten Selbstzufriedenheit und Ruhe ihr schweigendes Tuch über unsere Häupter, lullten uns ein, ließen uns in höhere Sphären aufsteigen, wogten mit geradezu überschwänglicher Impertinenz über unseren persönlichen Alltagstrubel hinweg, versetzten dem letzten Bisschen Stress in uns sanft aber bestimmt den Fangstich, schmerzlos, gezielt, wirksam.
Wohlig knisterte das Feuer im eben beheizten offenen Kamin, zart zogen duftende Schwaden lebkuchengeschwängerter Luft durch die Wohnung, und selbst die Toilette schien Heimeligkeit auszustrahlen in ihrem Glanz, selbstzufrieden und wohlgereinigt, um die Feiertage ja im rechten Lichte zu bestehen. Die Vorhänge zogen lüsterne Falten, frischgewaschen und gestärkt. Der Teppichboden lag uns zu Füßen, wo sonst. Jede einzelne Wand atmete das Charisma der anbrechenden Zeit.
Weihnachten.
Und wo einst Stress und Hektik geherrscht hatten war Ruhe eingekehrt. Kein Gedanke an Besuche, keine Idee von Verwandtschaftsroutine, die sich in den letzten Jahren einfach so breitgemacht hatte.
Nur wir selbst, uns alleine genügend.
Dichter Schneefall vor dem Fenster; gerade richtig zu dieser Zeit, dieses leise Fallen von Flocken, die jedes Geräusch auf der Straße zum Pianissimo dämpften. Blubbernde Geräusche aus der Küche – die vorweihnachtliche Preparation auf kulinarischer Ebene. Das unauffällige Rauschen des Wasserhahns im Badezimmer, wo mein geliebtes Eheweib sich zu entspannen gedachte. Das leise, zärtliche Schnarren des Telefons …

DES TELEFONS?!!
UNSERES Telefons!

„Ja bitte…"
Unglaubliches, nicht enden wollendes, dröhnend-schallendes Gelächter – Onkel Egon.
„Hallo - ähm, Onkel Egon…"
Nach wie vor Gelächter allerletzter Kategorie, in das sich das dümmliche Kichern von Tante Irmi mischt.
„Onkel Egon, ich bins, ich…"
Klack!
Der zweite oder dritte Telefonapparat in Onkel Egons Wohnung wird entkorkt, und ich vernehme das fette Gesabber einer zumindest grenzdebil gehaltenen Kostprobe eines Menschen, von der die Leute sagen, *das* könnte vielleicht so etwas wie ein Kind sein.
(Nie hätte ich es für möglich gehalten, dass etwas Lebendiges dermaßen fett werden könnte und über alle Maßen verblödet)
„Hallo Junge, wie gehts?!" – Onkel Egon.
„Hihihihihi…" – Tante Irmi.
„Bfrrrlbbbfrllbbbb…" – Das fette Etwas.
Drei Telefone, und alle gegen mich, und ein unbarmherziger, lieber Gott steht auf ihrer Seite – eindeutig!
„Was dagegen, wenn wir kurz vorbeikommen?!" – Onkel Egon.
„Hihihihihi…" – Tante Irmi.
„Essiessi!" – Das fette Etwas.
Ich verdamme Weihnachten, ich verdamme meine innere Ruhe, die mit einem Male wie weggeblasen ist, ich verdamme die ganze Verwandtschaft, die eigentlich nichts dafür kann, dass Onkel Egon Onkel Egon ist, ich atme glühende Kohlen, spucke Lava, verbrenne an mir selbst und zerbreche in Milliarden giftigster Partikel, die die Welt und ihr verdammtes Weihnachtsfest in Seuche verenden lassen mögen!
Oh, wie ich Weihnachten hasse, nein – vielmehr, wie ich diese Leute hasse, die Leute, die Weihnachten nicht auf *die* Weise verbringen, wie ich es zum gottverdammt ersten Male in meinem Leben zu verbringen suche.
In Stille, in Ruhe, in Liebe.
Ich vernehme Onkel Egons Worte, kann und will deren Bedeutung einfach nicht wahrnehmen.

Ich tauche unter, atme Salzwasser, ertränke mich in 5000 Metern Tiefe, denke in Russisch, in Gälisch, in Español, nur um *dem* zu entgehen, was unweigerlich zur Quintessenz des Telefonates zu werden beginnt. Gesammelt in einem Satz wird diese zur brutalen Realität.
„Wir kommen.“ – Onkel Egon.
„Macht euch doch – hihihihi – nichts aus, oder?!“ – Tante Irmi.
„Essiessi!“ – Der Fettleib.
„Ja schon..., ich meine, nein doch..., eigentlich wollten wir..., ich...ach...“
Ratlos, bestürzt, unentschlossen verschonend – Ich.
So bin ich eben.
Und Onkel Egon stinkt.
Vor Geld.
Und wir – Nicht einmal das Gegenteil davon.
Kompromisse?
Wollten wir eigentlich ablegen. Bringt nichts. Oder vielleicht doch? Verschonungstaktik. Nur-Nicht-Merken-Lassen-Wie-Sehr-Ihr-Uns-Auf-Die-Nerven-Geht.
Oder einfach Feigheit vor dem fremden Mammon.
Und mein geliebtes Eheweib liegt in der Badewanne und genießt noch-nichts-ahnend den Duft selbstgebackener Kekse. Blue Danube spielt „Last Christmas“, und ich mach’ mir fast in die Hosen.
„W-wann?...“
„Na morgen, mein kleiner Scheißer!“
Das ist sein Kosename für mich. Hat mich immer schon geärgert, seit meiner Kindheit.
Durfte nur nie etwas sagen – wegen der Zuwendungen. War sozusagen eine elterliche Anweisung.
Heute dürfte ich, aber ich tu’s nicht, weil ich eingeprügelter Weise verlernt habe, mich dagegen aufzulehnen.
So wird man halt bestechlich im Laufe der Zeit und gewöhnt sich daran. Vor allem als Kind, wenn man als Kind nicht gerade allzu viel hat. Und morgen ist der Vierundzwanzigste, morgen wollten wir in Ruhe und Zufriedenheit und ganz im Kleinen das Weihnachtsfest zum ersten Male so feiern, wie es gedacht war. Ohne Pomp und Kreditkartenbelastung, ohne Angst, ab Silvester nicht mehr in die eigene Kleidung zu

passen, vor allem aber ohne Onkel Egon und sein dämliches Umfeld.
„Also – wir kommen. Du weißt doch – Anruf genügt, und ich bin da."
Ich hatte nicht gerufen.
Doch sie kamen.
Und sie kamen kräftig.
Aber davon später.

Gäbe es eine Steigerung für gelähmt, ich hätte sie beschreiben können in diesem Moment, denn mehr als gelähmt saß ich da und starrte minutenlang in den Telefonhörer, der mich mit penetrantem Piepen darauf aufmerksam machte, dass mein telefonteilnehmendes Gegenüber bereits aufgehängt hatte.
Eine kraftlos gewordene rechte Hand ließ den Hörer auf die Gabel zurückgleiten. Honig begann sich in meinen Gliedmaßen auszubreiten, erstarrender Leim hielt mich auf dem Sofa fest. Mordgedanken begannen mein bislang klares Denken einzuhüllen.
Ich knipste das todbringende Leuchten in meinen Augen an und ließ mir Krallen wachsen. Unartikuliertes Grunzen aus den tiefsten Gründen meiner Kehle hielten mir vor Ohren, dass ich innerhalb von Sekunden zum Werschwein wurde, zum allesverschlingenden Monster, das sich aufmachen wollte, um Weihnachten zu fressen.

„Wer war denn das?" – Mein geliebtes, nichts ahnendes Eheweib.
„Ach nur Onkel Egon,...äähm...", grunzt das Werschwein.
„Und..."
„Was und..."
„Was wollte er? - - - Das heißt, wenn Onkel Egon anruft, dann heißt das...das heißt...oh nein!"

Ein plötzliches Vakuum im Raum nimmt mir die Luft, und mitten hinein in diese Luftleere bahnen sich mehrere spitze Schreie den Weg in mein Herz. Tödlich getroffen sinkt das Werschwein unter den Tisch, während im Badezimmer mein geliebtes Eheweib bereits mit dem Bauch voran an der Decke klebt, triefendnass und frierend; das Fenster liegt in kleinen Scherben, und der eisige Hauch von Unheil strömt

durch den geborstenen Rahmen ins Badezimmerinnere. Handtücher und Kosmetik sind verkohlt, verbrannt vom unendlichen Zorn auf mich und meine Unfähigkeit, Onkel Egon abzusagen.
„Ich konnte nicht...“, röchelt ein verendendes Werschwein im Wohnzimmer, und ich krieche aus der Hülle des toten Tieres auf allen Vieren in Richtung Badezimmer.
Keinerlei Appetit mehr auf Weihnachten.
Ich spachtle mein Eheweib vom Plafond, hülle das gebrochene Etwas von sonst unwiderstehlicher Weiblichkeit in die einzige nicht verkohlte Badedecke und führe sie ins Schlafzimmer, wo sie in einen Zustand eisig-komatöser Unantastbarkeit verfällt.
Dann greift sich meine rechte Hand einen Stift, ein Blatt Papier im Format A2 und schreibt eine lange Liste; ganz automatisch geht das.
Ich weiß was Onkel Egon mag.
Ich lege mich schlafen.
Innentemperatur des Schlafzimmer cirka minus zwanzig Grad Celsius, Tendenz sinkend.
Ich erstarre.
Untertemperaturen beschleunigen ja bekanntlich den Elektronenfluss elektrischer Leitungen, und so erklärt sich auch die Blitzartigkeit meines Überwechselns von körperlicher Starre in geistige Hyperbeweglichkeit.
Mein Körper liegt irgendwie im ehelichen Bett, während meine Synapsen sich gegenseitig zum Kollaps aufschaukeln.
Ich träume – supraleitend und unbarmherzig – von Onkel Egon und seinen Lieben, träume von meinem Sohn, der mir nach Erkennen des auf ihn Zukommenden schlichtweg die Scheidung erklärt, von meiner Frau, deren Leichenstarre einem von Ur-Instinkten dominierten Zustand gewichen ist, was sich darin manifestiert, dass sie meinen träumenden Körper langsam aber genussvoll mit einer stumpfen Papierschere zu tranchieren beginnt. Kein Blut fließt (ich träume ja nur) und schwimme allmählich – stückchenweise in die Toilette geworfen – in Richtung Schwarzes Meer, wo ich meine innere Ruhe wiederfinde. Im nassen Element zwar, aber allein …
Ich erwache, umgeben von Schwarzem Meer, hasse vom ersten Augen-

blick meiner Wiedererstehung Onkel Egon mehr als alles andere, denn er hat mich zum Wickelkind degradiert, zum neurotischen Bettnässer, mich, der ich stets der Meinung war, nichts könne ihn erschüttern geschweige denn *so weit* treiben, dass ihn supraleitende Synapsensalti mit bösem Verwandtschaftsinhalt schließmuskelversagend das eigene Bett vollpissen lassen würden.
Mein Ego brüllt nach Rache, Vergeltung, beschwört alle nicht entleerten Nachttöpfe Wiens auf Onkel Egons Haupt herab und sehnt sich nach den 8 Uhr-Nachrichten, in denen ein Wagen mit Nicht-Wiener Kennzeichen erwähnt wird, der aus unerfindlichen Gründen von der Straße abgekommen und in irgendeiner niederösterreichischen Jauchegrube gelandet ist.
Ich schwimme an Land und dusche mir die Übelkeit aus dem Körper.
Es ist der 24. Dezember, 7:40 Uhr.
Tante Irmis letztes geschmackvolles Weihnachtspräsent – ein Häkeldeckchen aus Fettleibs Erstlingshaar – wird in Verbindung mit Kerzenwachs kurzerhand zur VooDoo-Puppe geformt.
Eine Haarnadel findet gnadenlos ihren Weg durchs Herz derselben.
8:00 Uhr. Radio an.
Irgendwie haben die Nachrichten keinen rechten Informationswert. In ganz Österreich hat bisher kein einziges Auto die Eisdecke irgendeiner Jauchegrube durchschlagen.
Mein VooDoo hat versagt, mein Deo auch, mein Eheweib fernsteuert würgend an mir vorüber, das triefende Zielgebiet der Donau in Händen, übergibt es an die Waschmaschine und sich selbst in die Badewanne, mein Sohn weiß noch nichts von all dem und liebt mich noch.
Ich selbst habe jedoch über Nacht verlernt, mich zu lieben, greife mir die Liste vom Vorabend, meine Schatulle mit sämtlichen Credit-Cards, werde kurzfristig bei meiner Bank vorstellig, bezahle meine Visa-Rechnung mit Amex, meine Euro-Card-Rechnung mit Visa – nur der vorsätzlichen Krida wegen – und begebe mich mit einem Paket jungfräulicher Euro-Cheques in den Strom des Vergessens.
Es ist der 24. Dezember, 10:00 Uhr
„It's Shopping-Time at all..."
Ich weiß, was Onkel Egon mag, ich besorge, was Onkel Egon mag, ich

bezahle, was Onkel Egon mag. Ich gehe bankrott, wie es Onkel Egon so gerne mag.
Aber was soll's.
Papier ist Papier ist Papier und geduldig – und Euro-Cheques sind nun mal Papier.
Ich tauche ein in die Unendlichkeit des Ver- und Einkaufsgewühls, ersticke unter Tonnen von Luxusfraß. Sinnlos, nur daran zu denken, dies alles wäre unnötig, denn ich weiß, was Onkel Egon mag.
Niemand nimmt mir übel, als mir übel wird. Jedermann scheint zu wissen, dass ich dies alles nur für Onkel Egon tue.
Dragica oder sonst jemand wischt kurzerhand hinter mir her, und der Trubel geht weiter, bis ich endlich alles Papier wohlsigniert unter umsatzgeiles Marketendervolk gemischt habe.
Sommerurlaub ade und ab nach Hause.

16:00 Uhr.

Mein Sohn ist ist noch bei Omi, also noch nicht da. Gottseidank.
Meine Frau schon. Gottseidank.
Mit einer Energie, die eigentlich nur einer Großpackung Valium eigen ist, schwebt sie im Kabinett um den aufzuputzenden Weihnachtsbaum. Ein Blick in ihre Augen lässt tiefste Verzweiflung erkennen und die ersten Spuren aufkeimenden Wahnsinns.
Das normalerweise übliche Weihnachtssyndrom also.
Geht vorbei nach Silvester ...
Ein weiterer Blick – allerdings in die Küche – lässt mich schaudern. Alle getätigten Einkäufe, gestapelt und noch originalverpackt, lassen gerade noch einer Ratte Platz, sich bequem umdrehen zu können. Die großteils leicht verderbliche Ware muss ja verstaut werden, nur wo? Mit zwei lockeren Sprüngen überwinde ich zwei Stockwerke in weniger als zwei Augenblicken nach oben und ersuche unseren Hausherren – Großhändler in Elektrowaren –, uns für die Feiertage mit einer oder vielleicht doch besser zwei Kühltruhen auszuhelfen. Das Lager wäre ja ganz in der Nähe, im Erdgeschoß, und man könnte doch ...
Man kann. Und kurze Zeit später finde ich mich in meinen vier Wänden wieder, in Begleitschutz zweier abstruser und Kälte erzeugender

Monstren in Kubik, die bereit sind, all Onkel Egons Gernhaben in sich aufzunehmen. Das Schlafzimmer wird kurzerhand zur kühlenden Gruft umfunktioniert, unser Bett lehnt bereits an der Wand. Wir würden die nächsten Tage auf Kühltruhen liegend unsere Schlafenszeit verbringen – sollten wir überhaupt zum Schlafen kommen.

17:00 Uhr.

Telefon.
Sie kommen!
(Valium Nr. 1)
Nein, „Herzi"-Omi kommt und bringt Junior mit.
In einer halben Stunde.
(Valium cancelled)
Dunkelheit legt sich auf die Häuser der Stadt. Dunkelheit legt sich auf mein Herz. Ein scharfgeschliffener Dolch fährt Eislaufen durch mein Gedärm.
Mein Schließmuskel hat alle Hände voll zu tun, um mich vor automatischer Defäkation zu bewahren.
Und Schweigen.
Stille, die selbst das Pianissimo fallender Schneeflocken zum monotonen und nervtötenden Tam-Tam senegalesischer Buschtrommeln anwachsen lässt.
Das bescheidene Hupen eines 12-Ton Hornes lässt den Dolch in meinem Gedärm zur Lanze anwachsen, die mich an den Boden nagelt.
Unfähig, mich in Richtung Türöffner zu bewegen, erkenne ich eine schaumgebremste Bewegung, die meinem Eheweib anhaftet.
Sie schwebt in grenzenloser Selbstaufgabe zur Tür.
Sie öffnet.

17:25 Uhr.

Sie sind da.
(Valium Nr. 1)
Heinrich von Kleist hätte weniger als notwendig seine Phantasie anzustrengen brauchen in der geistigen Vor-Augen-Führung seines Dorfrichters Adam, hätte es Onkel Egon damals schon gegeben.

Um ehrlich zu sein, Onkel Egon hätte in Kleists Zeit auch weitaus besser gepasst als ins ausklingende 20. Jahrhundert …
Ich erbreche kurzerhand Valium Nr. 1 um klarer denken zu können.
Der hauseigene Lift rebelliert, bleibt einfach zwischen Mezzanin und erstem Stock stecken, und ich habe mich zwangsläufig Onkel Egons Leibesfülle zu erbarmen, indem ich den Lift händisch bis ins erste Obergeschoß kurble.
168 Kilogramm faulriechendes Lebendgewicht ergießen sich auf den Flur, ignorieren mich und mein Eheweib, furzen und pfauchen ins Wohnzimmer und kommen breitflächig und stinkend auf drei der bequemsten Sitzplätze unserer Wohnzimmercouch zu höchst instabiler Ruhe, während sich im Vorhaus das bekannt verblödete Kichern Tante Irmis und etwas leiseres Furzen und Pfauchen in Richtung Wohnungstüre schieben.
„Da - hihihi - sind wir - hihihi..."
… und Tante Irmi erteilt mir wieder einmal mehr zwei ihrer schon seit meiner Kindkeit verhassten, sabbrigen Judasküsse.
Eheweib verweigert, wird mit bösem Blick bedacht und einem kräftigen Furz aus Fettleibs unteren Regionen. Mir beginnen die Augen zu tränen, Eheweib fällt einem Erstickungsanfall anheim. Fettleib furzt nochmals und wälzt sich ins Wohnzimmer, um auf Dorfrichters Schoß Platz zu nehmen.
Fernseher an.
Hoppe-hoppe-Reiter.
Gottseidank is's eh net weit zum Michelfeit, denn ich erlebe soeben live das Ende unseres Wohnzimmersofas.

17:30 Uhr.

Oma kommt mit Junior.
Noch stehe ich auf seiner Liste seines Liebhabens.

17:30 Uhr und 4 Sekunden.

Ich bin von der Liste gestrichen.
Oma wirft einen Blick zu viel ins Wohnzimmer und versteht meinen Sohn mehr als mich, denkt laut an die erste Schwiegersohnverbrennung

der Menschheitsgeschichte und verlässt grußlos unser Heim, nicht jedoch ohne mir vorher mitzuteilen, dass Vollidioten gottseidank zu Weihnachten unter eine allgemeinen Amnestie fallen, die verhindern soll, dass Frauen zu nachweihnachtlichen Witwen und Kinder zu ebensolchen Waisen werden würden.

18:00 Uhr.

Baum geputzt. Tisch gedeckt. Abendessen.
Onkel Egon wirft seine eben angerauchte Zigarre in den nächstbesten Blumentopf, Klein-Fettleib furzt kurz und wälzt sich zu Tisch, Tante Irmi lacht sich halbtot, weil mein Sohn das abendliche Essen verweigert.
Mein Eheweib steht in der Küche, wartend auf das schon interfamiliär bekannte „Na, dann mal her mit dem Fraß! Ha, ha“.
Onkel Egon pfaucht dann auch erwartungsgemäß „Na, dann mal her mit dem Fraß!“, vergisst jedoch auf das „Ha, ha“.
Scheint diesmal wirklich hungrig zu sein, klingt so ernst.
Ich habe *keinen* Appetit mehr, mein Eheweib auch nicht.
Mein Sohn und ich sind offensichtlich bereits geschieden, denn er verweigert jede Nahrungsaufnahme und widersetzt sich jeglichem Versuch der Kontaktaufnahme zu ihm.
Onkel Egon frisst bereits, Tante Irmi hustet sich während eines erneuten Lachanfalls die halbe Truthahnfülle aus dem Gesicht, Fettleib ist sowieso alles egal und stopft in sich hinein, was eben zwei kleine aber wieselflinke Hände innerhalb kürzester Zeit greifen können – eine Wochenration an Nahrung für meinen Sohn.
Während mein Eheweib – bereits zurück in der Küche – sich in nahezu unheimlichem Maße mit einer Flasche Metaxa anfreundet, schneidet mein Sohn aus allen greifbaren Familienfotos mein Gesicht heraus.
Ich bin deprimiert, fühle mich küchenwärts gezogen und schließe ebenfalls innige Freundschaft mit Herrn Metaxa.
Wir haben das Sprechen verlernt und rollen schweigend das nächste Fass Bier zum Esstisch, denn Onkel Egons letztes unüberriechbares Ablassen überreifen Grubengases war eindeutig und an Aufforderung genug.

Wir würden nach Weihnachten wohl oder übel umziehen müssen, denn es scheint unmöglich, das mit Essensresten angereicherte Wohnzimmer jemals wieder sauber zu bekommen.
Fettleib kriecht auf allen Vieren auf dem Boden umher und verteilt kleine Truthahnstücke gleichmäßig unter allen Möbeln, gießt sie mit Bier ein und fixiert sie mit einem kräftigen „Patsch" eines seiner wieselflinken Händchen.
Tante Irmi ist erledigt und lacht sich nur mehr vierteltot.
Onkel Egon ist voll und raucht eine seiner Zigarren.
Fettleib klaut Onkel Egons Streichhölzer, und keiner bemerkt etwas.
Onkel Egon saugt meinem besten Freund die letzten Zentiliter aus dem gläsernen Leib, und ich lalle Herrn Metaxa ein hochpromilliges Adieu.
Eheweib liegt bereits über den Kühltruhen, und Fettleib ist nicht zu sehen. Mir ist nach peristaltischem Rückwärtsgang zumute, doch Herrn Metaxas Kragenöffnung ist zu eng für ein Retourspiel.
Onkel Egon beginnt zu erzählen, welches Arschloch von Typen er da doch vorige Weihnachten getroffen hätte. Eingeladen wäre er natürlich gewesen, von irgendeinem seiner Angestellten …
„Hat der doch tatsächlich, hahaha…"
Onkel Egons Bariton drückt mir Herrn Metaxa von unten her auf den Adamsapfel …
„…hat der doch tatsächlich einfach übersehen, wie sich sein Junge, hahaha…"
Onkel Egon klatscht sich auf den Schenkel, und Herr Metaxa schwappt mir fast aus den Ohren …
„…sein Feuerzeug geschnappt hat und, hahaha, nebenan ins Zimmer, hahaha, und den Christbaum angezündet hat, wie man so sagt, aber wörtlich, hahaha!"
Onkel Egon platzt vor Lachen, mein Sohn äugt misstrauisch durch die halb offene Küchentür ins Wohnzimmer, und Herr Metaxa geht per sofort 100%ig in mein Blut über.
„Muss wirklich'n Vollidiot sein, dein Typ", lallt ein wiedergeborenes Werschwein, „'n Vollidiot..., kaman doch nich machn…Christbaum ansündn - rülps - wördlich…"
„Nicht der Typ. Sein Sohn", dröhnt es wattig zu mir durch.

„Gut, dann halt sein...Sohn. Aber Kinder sinso, sinaltso..."
Das Werschwein ist wieder erwacht, besoffen, aber immer munterer werdend.
Sensible Ohren vernehmen ein weit entferntes Tatü-tata.
„Wohl schon wieder so'n Vollidiotensohn, wa'?!, irgendwo da drüben, Tatü-Tata-haha..." – Ich.
Mein Sohn zupft mich am Jackett.
„Du, Papa, hier hat's irgendwie einen komischen Ge-..."
Liebt mein Sohn mich etwa wieder, begreift er die verzweifelte Lage, in der ich mich befinde, erkennt er unter dem haarigen Pelz des besoffenen väterlichen Untiers wirklich den Vater?
Wahrscheinlich.
Hoffentlich ...
Er zupft mich wieder, will etwas sagen, läuft aber dann, da ein extrem lautes Tatü-Tata geradewegs vor unserem Haus alle Bewohner zusammenlaufen lässt, zum Fenster, um ja nur in der ersten Reihe des Geschehens zu sein.
Onkel Egon rülpst und entschläft, während Vater Werschwein sich – dem Sohne folgend – ebenfalls zum Fenster begibt.
Augenblicklich schaltet aber Vater Werschwein alle Sensoren zu und weiß mit einem Male, was Junior gemeint haben muss mit dem „komischen Ge-...", denn während sich die ersten Feuerwehrleute lärmend via Drehleiter und Feuerhacke ihren Weg in's Innere unseres Kabinetts bahnen, bahne ich mir meinen Weg lediglich durch die Tür in dasselbe.
Fettleib liegt lachend am Boden, vor ihm der Christbaum in Flammen, Hauptmann Feuerwehr im Begriff, ihn durchs eingeschlagene Fenster auf die Straße zu werfen.
Vorwürfe, Vorwürfe, Vorwürfe.
Warum sie keinen Bratspieß mitgebracht hätten, frage ich unter Herrn Metaxas hypnotischem Einfluss, denn Teufelsbraten würden nicht geboren, man müsse sie erst machen ...
„Vollidiot, nur ein besoffener Vollidiot!", höre ich ein Echo.
Alles andere ist mir egal. Vernehmung, Protokoll, Anzeige ...
Fettleib übergibt sich auf den Wohnzimmerboden und entschläft zu Onkel Egons Füßen.

Tante Irmi belegt bereits ganztotgelacht und tiefschlafend die absolut kaputt gerittene und völlig demolierte Sitzgarnitur.
Beißender Rauch kontaminiert trotz Klimaanlage unsere Wohnung.
Ich bringe meinen Sohn zu Bett und gehe ebenfalls schlafen.
Mitten in der Nacht spüre ich etwas Kaltes an meinem Körper. Ich öffne die Augen – ganz wenig nur – und erkenne mein Eheweib, über mir sitzend, eine stumpfe Papierschere in der Hand …
Sie stößt mir das Instrument meines Ablebens mitten in die Eingeweide.
Der mörderische Schmerz lässt mich die Augen ganz öffnen.
Ich liege mit einem Male eine Kühltruhenhöhe tiefer. Neben mir die friedlichen Geräusche meines eben noch so mörderischen Eheweibes.
Leichter Zigarettenrauch liegt in der Luft, mehr nicht.
Ich blicke auf die Uhr.
Es ist der 24. Dezember, 7:30 Uhr.
Ich stehe auf und dusche mir die Übelkeit aus dem Körper.
Mein eben erwachtes Weib gesellt sich zu mir ins Badezimmer.
Ich gehe in die Küche und koche Kaffee.
Unser Sohn schläft noch.
Unglaubliche, unvorstellbare, wohlige Ruhe.
Weihnachten.
Telefon.
„Ich geh' schon“ – Mein Eheweib.

Pause.

„Wer war denn das?“ – Ich.
„Ach nur Tante Irmi…“, gurgelt das Wohnzimmer.
„Und…?“
„Was und…“
„Was wollte sie? - - - Ich meine, das heißt, wenn Tante Irmi anruft, dann heißt das…das heißt…oh Gott, nein!!!“

Ein plötzliches Vakuum im Raum nimmt mir die Luft …

---

5 Jahre später ……………………………

KINDER BRAUCHEN RIESENKARTONS

Es war jedesmal das Selbe.

Kaum hatte ich meinen Sohn von der Schule abgeholt, so kramte er auf dem Nachhauseweg in sämtlichen greifbaren Altpapiercontainern, um eine „dieser ganz besonderen“ Schachteln zu finden und mit nach Hause zu nehmen, genau *den* Karton, der groß genug war, um sich darin völlig verstecken zu können. Mein Verständnis dem gegenüber war bislang entsprechend klein, wenn nicht überhaupt nicht vorhanden; was bringt denn schon eine Schachtel, die dann sowieso nur tagelang im Kinderzimmer den Platz verstellt? Nichts. Außer Staub. Bloß wieder so eine Schachtel, die sich langsam aber sicher in ihre Bestandteile aufzulösen beginnt.

Also, wie immer: „Sebastian…nicht schon wieder!“

„Sebastian…nicht *diese* Schachtel!“, „siehst du nicht, dass die schon völlig hinüber ist?!“
Und so weiter, und so fort.
Sinnlos.
Zwecklos.
„Papa, ich brauch’ sie aber. Die ist ja *so* schön und *so* groß!“
Sinnlos. Zwecklos, mein Bemühen, diesmal – wie auch schon die anderen Male zuvor, – „Nein“ sagen zu können …
Wissen Sie, Kinderaugen sind nun mal Kinderaugen, und wenn sie zu strahlen beginnen, dann ist’s aus mit mir. Und – Sebastian’s Augen strahlten, als er „seinen“ Karton gefunden hatte. Natürlich stand jener eine halbe Stunde später im Kinderzimmer und verstellte einen vollen Quadratmeter Platz. Natürlich war ich auch wieder einmal der Stärkere – auf längere Sicht gesehen –, denn kaum kümmerte mein Sohn sich eine Zeit lang nicht um „seinen“ Karton, so landete dieser auch schon dort, wo er hergekommen war. Beim Altpapier. Fein säuberlich in kleine Teile zerschnitten, damit er ja nie wieder zurück in unsere Wohung finden konnte. Zumeist war mein Sohn zuerst empört über die Art und Weise, mit „seinem“ Karton umzugehen, er vergaß allerdings schnell, und – er konnte verzeihen. Was verstand denn auch schon ein alter Depp wie ich von der Faszination eines abschließbaren Kubikmeters …
Vergangene Woche – wir hatten unseren alten, ozonschichtfressenden Kühlschrank eben entsorgt – bekamen wir einen wunderbaren, geräuschlos arbeitenden und natürlich großen und neuen. Umgeben war er bei Lieferung mit – natürlich – einem Karton der Superlative. Einen Meter achzig hoch, einen Meter mal einen Meter in der Grundfläche, ein Dorado für kartonsüchtige Kinder, und Sebastian hatte nun endlich seinen „hyper-ultra-mega-wahnsinns-einzigen“ Karton gefunden, von dem er sich nie und nimmermehr im Leben trennen wollte.
Sie wissen ja: Kinderaugen …
Ich konnte nicht anders.
Der Karton landete im Kinderzimmer und dominierte selbst die sonst dominanten Rapid-Accessoirs und NBA-Merchandising-Artikel, die im Normalfall neben Game-Boy und PC die Hauptattraktion im Zimmer meines neunjährigen Buben darstellten.

Tags darauf.
Mittagszeit vorbei, Hausaufgaben erledigt.
„Papsch, ich geh' in mein Zimmer."
„O.K., mein Großer."
Ich nannte ihn immer „Großer", schließlich war er das ja auch schon fast. Sebastian verschwand in seinen vier Wänden.
Neugierig, wie ich von Natur aus bin, lauschte ich an der geschlossenen Türe.
Kein Geräusch, das auf Game-Boy-Missbrauch hinzuweisen schien, kein „Bang-Crash-Voom" vom PC.
Kein, absolut *kein* Geräusch.
Mit einem Wort: Mein Sohn hatte vielleicht plötzlich gelernt, mit sich selbst etwas Vernünftiges anzufangen, zu lesen vielleicht, und – ich wollte ihn *dabei* garantiert nicht stören.
Lies, mein Kind ..., Lesen ist Phantasie, und Phantasie ist Leben ...
Ich ging in die Küche und räumte auf.
„Ich hab' Hunger!" – Sebastian.
Ich hatte ihn nicht kommen gehört, blickte kurz auf die Uhr und stellte fest, dass zwischen den letzten beiden Wortmeldungen meines Sohnes geschlagene zwanzig Minuten vergangen waren.
Das war nicht seine Art; ganz und gar nicht.
Ich kenne einen sehr besitzergreifenden Sebastian, einen jungen Mann, der mit sich selbst noch nicht allzu viel anzufangen und sich alle fünf Minuten meiner unbedingten Zuwendung zu versichern weiß.
„Was möchtest du haben?" – eine rein rhetorische Frage, auf die nur eine Antwort kommen konnte: „Was Gutes."
„Wie gut?!"
„Was *sehr* Gutes, Papsch."
(Normalerweise hieß das: „Pizza")
„Aber mit Papiertaschentüchern – ach Blödsinn – mit Salami drauf."
Sebastian lacht, ich lache mit und schiebe eine tiefgefrorene Steinofenpizza mit Salami ins Backrohr.
„Ich hol' dich, wenn's fertig ist, O.K.?!"
„O.K., Papsch."
Und immer wenn er „Papsch" sagt, dann geht's ihm gut.

Sebastian verschwindet wieder in seinem Zimmer.
Türe zu.
Leises Kartonrascheln und dann …
Stille.
Zehn Minuten später.
Die Pizza ist fertig. Die Salamiräder dampfen, der Käse ist im rechten Maße geschmolzen, der Pizzaboden wie immer knusprig.
In acht Stücke geteilt landet das Ding, das aus der Kälte kam, auf dem Teller.
„Sebastian! Pizza ist fertig!“
Stille.
„Es-sen ist fer-tig!“
Stille.
Ich lausche wieder an der Kinderzimmertüre. Diesmal nicht aus Neugierde, sondern eher aus Sorge. Er wird doch wohl nicht eingeschlafen sein …
Nein. Doch nicht am hellichten Nachmittag.
Ich öffne die Türe einen Spalt breit.
„Sebastian, Essen ist fertig…“ – leise, fast flüsternd, um meinen möglicherweise doch schlafenden Sohn ganz sanft zu wecken.
Ich gehe ins Zimmer.
Natürlich kenne ich ihn, ihn, der mir schon so mancherlei Schabernack gespielt hat, den jungen Herren, der sich öfter als nur manchesmal vor mir versteckt und sich nicht rührt.
Natürlich suche ich ihn hinter seinem Ledersofa, blicke kurz in seinen Kleiderschrank und sehe auch hinter dem geschlossenen Fenstervorhang nach, um ihn in wenigstens *einem* seiner üblichen Lieblingsverstecke aufzustöbern.
Normalerweise höre ich sein verhaltenes Lachen, wenn ich auf der Suche nach ihm bin. Diesmal nicht.
Ich klopfe sacht an den Riesenkarton.
Stille.
Um hineinzuschauen, muss ich auf die Leiter steigen, die sein Hochbett mit dem Boden der Realität verbindet, und das tue ich auch.
Behutsam öffne ich den Karton und sehe hinein.

Der Karton ist leer …
Irritiert steige ich vom Hochstand meiner Ratlosigkeit und gehe in die Küche zurück, wo die eben noch frische Pizza langsam Falten zu werfen beginnt.

„Hallo Papsch!"
Ich erstarre für eine Sekunde lang.
„Wo warst du?! Kind, ich hab' dich gesucht! Abgesehen davon, dass deine Pizza kalt wird, möchte ich wissen, wo du gesteckt hast. In deinem Zimmer warst du jedenfalls nicht."
„War ich auch nicht … danke Papsch!"
Und mein Sohn klemmt sich Teller samt Pizza unter den Arm und zischt wieder ab.
„Gegessen wird hier!"
„Jaajaa.", tönt es aus dem Wohnzimmer, aber siehe da, ein folgsames Kind setzt sich doch tasächlich zum Esstisch und verspachtelt sein Leibgericht in Windeseile.
„Darf ich noch zu einem Freund gehen?!"
Rhetorische Frage.
„Welcher Freund?"
„Na, zum Do-mää-nääk, kennst ihn eh," – gelangweilt, aber dann umso eifriger – „der hat auch einen Karton in seinem Zimmer, da können wir suuuper drin spielen."
Do-mää-nääk ist ein Schulfreund der ersten Stunde und heißt in Wirklichkeit ganz einfach Dominik. Coole Kids liegen aber offenbar mit einem gelangweilten Doppel-ÄÄ besser im Trend – also –
„Wie lange?"
„Na jaa, so bis Sechs."
Es ist Halbvier, also kein Problem.
„Gut. Bis Sechs."
Stürmische Umarmung.
„Daaanke, Papsch, danke!"
„O.K., O.K., aber ruf an, wenn du dort bist."
„Mach' ich."
Sebastian schlüpft in seine Jacke, ich kümmere mich darum, dass seine

Schuhe richtig zu sind, er schiebt sich seine „Chicago-Bull's"-Kappe neckisch übers rechte Auge und rauscht ab.
Zum Do-mää-nääk.
„…uuund tschüüüss, alter Herr!"
„Pass auf, mein Schatz."
„O.K., alter Herr."
Und weg ist er.
Ich sperre die Türe hinter ihm ab und setze mich in mein kleines „Kaffeehaus", meinen Ort der Zuflucht, klein – nur etwa 2,5 Quadratmeter groß – aber Heimeligkeit ausstrahlend, Geborgenheit vermittelnd, in jedem Fall: mein Lieblingsplatz, um in aller Ruhe und vor allem manchesmal alleine die eine oder andere Zigarette rauchen zu können; ohne Unterbrechung durch die insistierende Nachkommenschaft praepubertären Alters.

„Wie?!"

Natürlich!
Natürlich liebe ich meinen Sohn, und es gäbe nichts, was ich *nicht* für ihn tun würde. Aber in bewegten Schulzeiten wie diesen hat man als alleinerziehender Vater doch für ein paar Augenblicke auch mal ganz gerne seine Ruhe.
Ruhe?
Stille?
Wie war das vorhin gewesen?
Leises Kartonrascheln und dann …
Stille.
Wo hatte sich mein Kind eigentlich *wirklich* versteckt …
Ich drücke meine Zigarette aus und gehe in Sebastians Zimmer.
Der Karton dominiert nach wie vor.
Als Obelisk aus billigem Recyclingmaterial drückt er auf die Topographie des Kinderzimmers. Schnellstens entsorgen, denke ich.
Auf die bewährte Art.
Mein Sohn kann verzeihen. Ich weiß das.
Doch – wie war das damals mit der Faszination einiger Kubikmeter aus

gefalteter Pappe?
Nun, ich erinnere mich, dass ich als Kind stets den Wunsch hatte, mich zumindest einmal im Leben in so einem Riesen-Pappkarton zu verstekken, zu spielen, ich wäre nicht da, mir selbst vorzutäuschen, ich wäre in einem Raumschiff unterwegs zum Mars oder aber träumend davon, 100.000 Meilen unter dem Meer auf abenteuerliche Weise mörderische Riesenkraken zu fangen …
Nur - es gab damals – so um 1960 – noch keine Kühlschränke diesen Ausmaßes, deren Pappkokons uns Kindern zur Verfügung gestanden wären, um uns darin einzupuppen, im Geiste wegzufliegen oder untertauchen zu lassen. Was damals geliefert wurde, hatte Gestalt, aber kein Gewand. Leider.

„Ich muss mir dieses Unding einmal von innen ansehen“, denke ich, „sieht mich ja niemand.“
Und ich steige wieder auf die Leiter der Ratlosigkeit zwischen Hochbett und Realität und lasse mich in die einsachzig tiefe Höhle meiner ureig'nen Kinderwünsche hinab, schließe die einzelnen Laschen zu einem fast lichtundurchlässigen Dach und kauere mich auf den Boden.

Ich bin ungefähr sechs Jahre alt.
Ich lege den Starthebel um.
Die Rakete nach Alpha Centauri ist gestartet.
Ich drehe an den Knöpfen rechts von mir, lege den einen oder anderen Hebel an der linken Seite um, lehne mich entspannt an die Rückwand.
Weiche, satte Polsterung umgibt meine Wirbelsäule.
Ich atme langsam, sehe die Galaxis am Vorderluk vorbeigleiten und führe meine rechte Hand zum Bullauge, um das Universum zu liebkosen.
Mein Universum.
„Welche Sternenzeit, Mr. Spock?!“
„Kirk an Brücke: Alles groß auf den Schirm!“
Meine Hände und Unterarme tauchen in die Vorderwand des Kartons und werden unsichtbar.
Etwas Flatterndes, Quirliges nimmt auf einer meiner Handflächen

Platz, hinterlässt einen feucht-klebrigen Reiz und verschwindet wieder.
Ich ziehe meine Arme zurück.
Sie sind – wie wir sagen würden – einfach vollgerotzt.
Ich kann es nicht sehen in dieser wunderbaren Dunkelheit, die mich umgibt, ich fühle es einfach.
Vollgerotzt.
Ein seltsames Gefühl.
Ein absolut seltsames Gefühl und dennoch … völlig normal.
Ich bin ja in Sicherheit in meinem Raumschiff nach Alpha Centauri.
Vorsichtshalber ziehe ich aber trotzdem mein T-Shirt aus und wickle es um meinen Kopf.
Mein Raumhelm.
Ich bin ganz Astronaut und krieche auf allen Vieren durch das Vorderluk in mein Universum.
Ganz ohne Widerstand geht das.
Natürlich schließe ich die Augen dabei, denn, was ich nicht sehen kann, das sieht mich ja auch nicht …

Dann fühle ich warme Sonnenstrahlen auf meinem nackten Oberkörper, rieche frisch geschnittenes Gras und höre nichts. Nichts außer Natur. Kein vorbeiziehendes Flugzeug, kein unentwegtes Dröhnen einer unendlichen Schlange von Autos, die sich auf der nahen Autobahn in übelriechenden Wolken von Abgasen dahinwälzt.

Ich öffne die Augen.

Helles Sonnenlicht blendet mich, sodass ich blinzeln muss, um mich an diese absolute, reine Helligkeit zu gewöhnen. Im nächsten Augenblick flattert etwas Weißes, Niesendes an meinem Kopf vorbei.
Ich verspüre einen leichten Nieselschauer.
Meine Augen gewöhnen sich allmählich an die neue Situation, Hüften und Beine folgen meinem Oberkörper nach draußen. Ich setze mich ins Gras und staune.
Um mich herum flattern und schweben Papiertaschentücher aller Marken, niesen und schlagen mit ihren papiernen Flügeln. Bei genauem

Hinsehen erkenne ich die Logistik ihrer Fortbewegungsart. Normalerweise sitzen sie unbeweglich in den Bäumen oder überlassen sich dem Wind und seiner Willkür, erst durch den Mechanismus permanenten Niesens ergibt sich die Schlagbewegung ihrer Flügel und somit die Art ihrer Fortbewegung.
„Interessant, was es so alles gibt," denke ich, doch dann erinnere ich mich an eine Geschichte, die ich vor langer Zeit zu schreiben begonnen habe. Mein Sohn hat mir sogar geholfen dabei. Dabei ging's um eine Wand voller Bilder, und durch jedes dieser Bilder konnte man in die jeweils gemalte Welt hineinsteigen … Abenteuer erleben …
„Damals". Vor drei, vier Jahren. Wie eine Ewigkeit erscheint mir das.
… und eine seiner Bilder-Ideen waren eben diese Taschentücher, die – selbst verschnupft – schmetterlingsgleich die Erde bevölkern.

„Verrückt," denke ich, „völlig verrückt."

Ich muss wohl im Karton eingeschlafen sein und träumte, ich säße inmitten flatternder und niesender Papiertaschentücher auf einer unnatürlich grünen Wiese … und genau vor mir stehen …
Ein warmer Gedanke umfängt mein Gehirn: „Du träumst nicht, mein Guter!", gefolgt von Gekicher und Gelächter bis hin zum Ende meines Gesichtskreises.
Mein Blick gleitet zum nächstliegenden Ursprung dieses Ausbruchs an Heiterkeit.
Direkt vor mir streiten tausende Gänseblümchen um Stehplätze, grinsen mich an und kichern dumm vor sich hin. Ebenso dumm muss aber auch mein Gesichtsausdruck sein, denn ich glaube ja nicht, was ich sehe: Tausende grinsende und lachende Gänseblümchen, die mir erklären, dass ich nicht träumte.

„Heilige Scheiße!", entfährt es mir, und das hätte ich besser nicht sagen sollen, denn ich kenne meine Fantasie nur zu genau. Ich sage niemals etwas, ohne nicht eine konkrete bildliche Vorstellung davon in meinem Kopf zu tragen, und diese Vorstellung nimmt Gestalt an, umhüllt mich bis zum Kragen, und ich will nicht wahrhaben, dass ich mit

einem Male in einem Riesenkuhfladen stecke, der nach Myrrhe duftet. Schallendes Gelächter und Gekicher.
„Ach, ihr könnt…“ – Halt! Keine falschen Gedanken! Schöne Sätze bilden … „Geht doch dorthin, wo der Pfeffer wächst!“
„Wie du willst.“ – tausendstimmig.
Und wie auf Kommando beginnen die Gänseblümchen ihren Marsch in Richtung Pfeffer, wo immer der auch wachsen mochte.
Und während ich beginne, langsam aber sicher *nicht* mehr zu wissen, was Phantasie, Wunschvorstellung und Realität gemein haben könnten, höre ich eine vertraute Stimme, prustend vor Lachen.
„Hallo Papsch!“, lacht die Stimme, und dann – mit einem zusätzlichen, erstaunten Unterton: „Was machst *du* denn hier?! Ich meine halt, was machst *gerade DU* hier, du, der du normalerweise geradlinig vor deiner Zu-Viel-Arbeit davonläufst und dem blöden Geld hinterher. Warum bist DU auf einmal da, und noch dazu so seltsam verkleidet?!“

Irgendwie krieg' ich es einfach nicht auf die Reihe, ich, der ich bis zum Hals in einem überdimensionierten Kuhfladen stecke, brav bemüht bin, schöne Sätze und Gedanken zu bilden, ich, der ich zwar eine ganze Menge an Vorstellungskraft besitze, aber mir nicht erklären kann, wo der Pfeffer eigentlich wirklich wächst - dasjenige, alleinige, meinige ICH kapiert einfach nicht, was mein Sohn *hier*, knapp außerhalb meines Sternenkreuzers zu suchen hat …

„ZU SUCHEN HAT“

„zu…suchen…hat?“

Und ich beginne – oder besser gesagt, ich versuche – langsam zu verstehen.
Dies ist offenbar die Welt der reinen Kinderseelen, eine Traumwelt – meine (?) Traumwelt (während ich sicher im gleichen Moment auf meinem Wohnzimmersofa vor dem Fernseher schlafe. Ja, sicher sogar. Ich muss wohl schlafen und träumen) ohne Stress, ohne den tagtäglichen Wahnsinn pekuniären Kuhhandels, ohne Lebensangst, voll mit

Freude, Liebe, Geborgenheit und der absoluten Zuversicht darauf, dass es auch ein tatsächliches Leben geben kann …

Ich befreie mich aus dem Fladen, denke einige sonnige Gedanken, und selbst der allheilige Geruch der Wiederkäuerexkremente verabschiedet sich binnen Sekunden.

„Papsch – ich muss dir was zeigen!"
Drängend.
Wichtig.
„Ich *muss* es dir einfach zeigen. Komm!"
Und Sebastian nimmt meine Hand, winkt seinem Freund dem Domäänääk zu uns zu folgen, und – ich lasse mich doch tatsächlich führen.
Ich bin kein landläufig „gläubiger" Mensch, doch auf einmal schlägt mein Gehirn eine Bibelseite auf:
„…wenn ihr nicht werdet, wie die Kinder…", klingt es in meinem Kopf.
„…wie die Kinder…"
Kinder – seelenverwandt mit jedem neugeborenen Stern, umsorgt vom unendlichen, allgegenwärtigen Schoß des Alls, geliebt von jenen, die Kinder eben vorurteilslos zu lieben imstande sind – von Kindern.
Ich besinne mich auf meine eigene Kindheit, meine damalige Kleinheit und lasse mich ziehen, treiben …

Sebastian redet ununterbrochen.
Ich höre ihn, verstehe denn Sinn seiner Worte, obwohl ich nicht wirklich höre, *was* er sagt, schwebe, wie in Watte gepackt, an Orten vorbei, die ich kenne, die ich schon als Kind geliebt hatte und hätte, wären sie je vorhanden gewesen. Ich fühle die Liebe meiner eigenen Eltern, spüre deren Umarmung, atme Luft, wie sie damals war, rein, frisch und voll von Düften, die heute unauffindbar sind, fühle Zuneigung, Willkommen und auch Skepsis, ohne jedoch dabei schuldig zu sein.
Ich nehme, trinke, esse, atme, sauge in mich ein, so, wie mir gegeben wird.
Ich bewahre jetzt, was zu bewahren gewesen wäre – damals.

Und nicht zu bewahren war …
Ich sehe „meine“ Landschaft, „meine“ Gegend, durchschreite sie.
Hand in Hand mit meinem Sohn.
Hand vor Hand – denn *er* geht ja voraus.
Inzwischen gehen wir nicht mehr. Wir schweben tatsächlich.
Ich erkenne die Topografie, obwohl ich sie noch nie gesehen habe.
Ich *weiß genau*, wo wir sind.

In meinem Kopf.

„Da – schau mal, Papsch! Da unten!“
Ich erkenne ein Grundstück, ein Haus, einen Pool, weich gezeichnete Wege inmitten satten Grüns.
Ein absolut vertrauter Anblick.
„Das wolltest du doch schon immer einmal bauen.“
„Ja“, sage ich, „Ja, aber wie…“
„Die Pläne sind aus deinem Kopf, Papsch. Alles klar?!“

Ich erkenne meinen Sohn nicht wieder.
Wie alt ist er? Neun, elf, vierzehn? Oder …
Was weiß er über meine Träume, meine Liebe zur Natur, was über die architektonische Beschaffenheit eines geträumten Lebenswerkes?
„Das sag’ ich dir später, Papsch.“
Als hätte er (oder hat er?) meine Gedanken gelesen, schließt er mein Nachdenken über mein Innerstes, und wir landen sanft in einer mit feinem, runden Kies bedeckten Auffahrt zu einem Haus, das ich einst entworfen hatte.
Nur – wer hat es erbaut? Wer hat die Entwürfe aus meinem Kopf genommen, wer die Geldmittel dafür flüssig gemacht?!
Wer, wer, wer wohnt hier eigentlich, wenn nicht ich selbst?!

„Das hast du doch immer gewollt – so was. Nicht wahr?“
„Ja. Schon…“
„Und es gehört dir auch.“
„Was?“

„Na, das Haus."
„Gibt's nicht."
„Doch. Hier schon. - - - Gefällt's dir?"
Natürlich gefällt es mir, und als ich es genauer in Augenschein nehme, stimmt tatsächlich jedes Detail – zumindest äußerlich.

Ich blicke um mich.

Mildes Grün, das die Augen wohlgesonnen stimmt, eine einzige, lange und breite Zufahrtsstraße, gesäumt von Linden und Ebereschen, alles in perfekt aufeinander abgestimmten Farbnuancen, die Zufahrt zum Haus. In zwei sanften Bögen verläuft die sich etwa hundert Meter vor dem Gebäude in zwei Wege trennende Zufahrt und vereinigt sich wieder genau vor dem Haupteingang. Inmitten dieses großen Kreises plätschert leise ein von Hand erbauter Wasserfall, der vitalisiertes Wasser nach allen Seiten abgibt. Zarter Wind vermengt den Duft der Ebereschen mit den Partikelchen verdunstenden Wassers und trägt ihn direkt in meine Nase. Ich muss die Augen schließen. Mein Sohn hält meine Hand und kuschelt sich an meine Seite.

Ich drehe mich um und sehe das Entrée, das sowohl Kommen wie Gehen zu einer gleichwertigen Angelegenheit werden lässt; alles in hochwertigem Holz und Glas.

Niemand sonst zu sehen.

„Komm, Papsch!"

Sebastian hat wieder die Führung übernommen.
Ich überlasse sie ihm gerne.
Der hoch aufstrebende Eingang – zugleich Wintergarten, Hochstand und Wärmespeicher – öffnet sich.

Ich bin daheim(?).
Zu unseren Füßen – genau nach Plan – Kopfsteinpflaster einer imitier-

ten Straße, selbst die Gehsteige links und rechts sind vorhanden, darauf in regelmäßigen Abständen alte Straßenlaternen aus den 50er Jahren. Die Straße läuft nach etwa 20 Metern sanft in einer Glasfront aus, einem Tor, das dem Eingang sehr ähnlich ist. Dahinter sanft gewölbtes Grün. Ich werfe einen Blick in den linken, hinteren Bereich und erkenne den nierenförmigen Pool, dessen Grenzen innerhalb des Hauses beginnen und sich weit außerhalb der weich gezeichneten Formen des Erdgeschoßes im Garten verlieren.
Die griechischen Mauern links und rechts der Gehsteige reichen bis in den ersten Stock. Dort wo ich die Aufgänge geplant hatte, sind sie auch vorhanden.
Geschwungene Holztreppen ergießen sich in angenehmer Breite bis hinauf in meinen Arbeitsbereich links und rechts bis hin zur großzügigen Küche mit Essraum. Südseitig gelegen, verteht sich.
Als ich langsam die Treppe ersteige, fällt mein Blick auf die Galerie im zweiten Stock. Sie verbindet – grünbeladen – den linken mit dem rechten Teil des Hauses.
Ich stehe in der Küche. Sie sieht genau so aus, wie ich sie immer haben wollte. Stahl, Holz, Glas.
Zwei große Fenster, pflegeleichter Schiffboden, offene Regale, hunderte von Gewürzen. Der Duft durchzieht das ganze Obergeschoß.
Tatsächlich der Lebensraum meiner Träume?
Hier?
Im ganzen Haus und rundherum?

Ich wende mich nach links, erkenne Bad, WC und Wirtschaftsräume, weiß um die dahinterliegenden, nach Nordwesten gerichteten Schlafräumlichkeiten und setze bedächtig Fuß vor Fuß in ebendiese Richtung, bereits wissend, wie sehr alles genau *dem* gleichen würde, wie ich es für mich erdacht hatte.
Wer auch immer dieses Haus erbaut hat, es herbei-gewünscht-gebaut hat – es ist eindeutig mein's. Nie war ich ein besonders guter Architekt gewesen, doch bin ich ein lebendig-Schaffender, ein noch besserer Träumer und das perfekte Behältnis für lebenslange Illusionen und Wunschträume.

–

… herbeigewünschtgebaut …

–

Ich bekomme Zweifel an der Irrealität meiner Wunschträume.

„Hallo!“, sagt sie, einfach. „Hallo!“

Ich glaube zwar nicht, dass sie wirklich da ist, aber trotzdem sehe ich sie, sehe sie an.
Ganz genau sogar.
Durch die transparenten Teile des Dachstuhles fallend, tanzt das vorhandene Licht auf ihrem Körper, umhüllt eine Figur unwiderstehlicher Fraulichkeit mit den zarten Schleiern aller Farben des sichtbaren Spektrums. Ein Hauch von Chiffon bedeckt den Körper einer Person, die ich kenne.
Die ich wieder-er-kenne.
Nicht als Person.
Sie ist mehr als das.
Sie ist viele.

Mein Bild aus Träumen und Sehnsüchten und Wünschen und Idealvorstellungen …
… vielleicht …? … vielleicht …? …

Barfuß steht sie vor mir, gräbt ihre Zehen in den weichen Hirtenteppich und blickt mich an. Einfach so.
Augen-Blicke, die dunkelfarbig sind.
Feuertanz in ihrem Haar.
Ebenmäßige Gesichtszüge, die den Rundungen ihres Körpers Vollendung geben.
Feuer tanzt auf meiner Haut.

Ihre Fast-Nacktheit irritiert mich.
Mandelförmige Augen blicken unter hochgezogenen, dunklen Augenbrauen leicht spöttisch auf den Besucher im eigenen (?) Haus.

„Ich bin…“, will ich sagen …

„Ich weiß.“

„Du weißt?!“

„Ich weiß es ganz einfach“, sagt sie mit einem Selbstverständnis, als wären wir einander schon hunderte Male so gegenübergestanden.
„Was…, ich meine: Wer…?“
„Ich? Ich bin Lisa-Marie. und ich war schon immer da.“
Ich glaube nicht daran, dass ich hier stehe. Mit einer Frau, die ich noch nie wirklich gesehen habe und die mir dennoch so vertraut erscheint, als hätte ich sie schon mein ganzes Leben lang gekannt, bereits berührt, umarmt …

„Zuerst hab ich dich herbeigesehnt, so wie du es immer wolltest…“
„Ich wusste bisher nicht…“
„…dann hab ich dich herbeigeträumt, und jetzt bist du hier. *Das* ist es, was zählt.“
„Dann bin ich also wirklich hier, und du bist wirklich, und…“
„Natürlich. So wirklich, wie unsere Kinder es uns ermöglichen, sind wir hier.“

„Papsch! – Pa-aaapsch!“
„ – “
„…und jetzt kommt gleich die große Verliebungsszene … jaa, jaa.“
Sie kommt nicht.
Mein Sohn hat sich geirrt.
Ich beginne nicht, mich in dieses Wesen zu verlieben, ich liebe sie bereits.
Vom ersten Augenblick dieser Begegnung an.

Und der liegt weit zurück in der Vergangenheit.

Schmetterlinge bevölkern meinen Bauch, Universen beginnen sich in meinem Kopf zu drehen, mein Hals wird trocken, ich sehe nur sie, fühle meinen einzigen, geliebten Sohn an meiner Seite und weiß, es wird alles gut, auch wenn ich nur träumen sollte.

„Komm!“, sagt sie, hebt ihren Arm und bewegt ihre Hand, als wäre diese nur dazu geschaffen, mich (warum ausgerechnet mich?) dorthin einzuladen, wo nur Mann und Frau einander ohne viele Worte verstehen.
„Komm einfach mit“, sagt sie leise, und dann folge ich diesem wunderbaren Wink, treibe im Windschatten des Duftes von Eberesche auf die halbgeöffnete Schlafzimmertüre zu.

„Das war's dann wohl für die nächsten paar Stunden…“, vernehme ich noch den lässigen Kommentar meines Sohnes. Dann empfange ich keinerlei Signale mehr außer die unendlicher Harmonie.
Ich erlebe nicht, wie sehr sie mich zu lieben imstande ist.
Ich erliebe sie einfach. Wir erlieben einander. Und viele Male und immer wieder, nachdem wir uns zärtlich und entspannt voneinander lösen, höre ich mich sagen: „Ich liebe dich.“

„Ich weiß… und ich liebe dich. Das war schon immer so…“
Mit diesem Satz auf den Lippen schläft sie ein. Ihre rechte Hand ruht sanft auf meiner Brust. Sie atmet regelmäßig, entspannt.
Die Wärme ihres Körpers umfängt mich, vertieft dieses Gefühl der absoluten Sicherheit.
Wir atmen den selben Takt, und sie duftet noch immer nach Eberesche.
Ich wünschte, ich würde nicht träumen, und dann schlafe ich ein.

Es klopft.

Mein Sohn steckt den Kopf zur Türe herein.

„Du träumst nicht, Papsch. Wie oft muss ich dir das noch sagen?!"
(Türe zu)
Lisa-Marie liegt immer noch an meiner Seite. Sie hat sich während ihres Schlafes kein einziges Mal bewegt.
„Warum wache ich nicht auf. Verdammt! Mein ganzes Lebensbild steht in Flammen, und ich wache nicht auf. Auch wenn ich viele unerfüllte Wünsche habe, bin ich denn würdig, gerade *diesen einen* Traum zu haben..."

Lisa-Marie bewegt sich, erwacht langsam und beugt sich über mich. Während sie meinen Kopf zärtlich in beide Hände nimmt, liebkosen mich die kleinen Finger ihrer Hände sacht am Nacken. Dann küsst sie mich zart auf die Stirn und streicht sanft mit ihren Lippen über meine Augenlider.

„Diese Liebe ist etwas Besonderes. Meine Tochter weiß schon davon."
„Deine Tochter?"
„Ja. Karolyn. Sie kennt dich bereits."
„Woher?"
„Ach, aus meinen Erzählungen und aus ihren Träumen."
„Und Sebastian?"
„Glaubst du wirklich, dass dein Sohn ein Leben hier für dich geschaffen hat, bloß um es dir *nur* zu zeigen. Karolyn und Sebastian kennen einander schon – sagen wir – eine kleine Ewigkeit. Der unendliche Kreislauf immerwährender Liebe hat schon lange einen Neubeginn erfahren".

Sie bewegt sich ein wenig weg von mir und betrachtet meine Tätowierung am linken Oberarm – *Zwei Einhörner halten einander in inniger Umarmung fest. Um dem weiblichen Einhorn allerdings die Möglichkeit zu bieten, seinen Kopf an die Brust ihres Liebsten legen zu können, durchbohrt dabei das Horn der Liebenden des Geliebten Brust. Darunter chinesische Schriftzeichen.*

„Gefällt mir. Was bedeutet es?"

„Meine Lebensphilosophie. In Wirklichkeit gibt es auf dieser Erde nur *ein* einziges und letztes Einhorn. Trifft dieses jedoch – und dies kann nur in seiner Phantasie geschehen – auf seine einzige und wahre Liebe, so bedeutet dies seinen Tod. Sehnsuchtsphantasien sind meist tödlich.“
„Und die Schriftzeichen?“

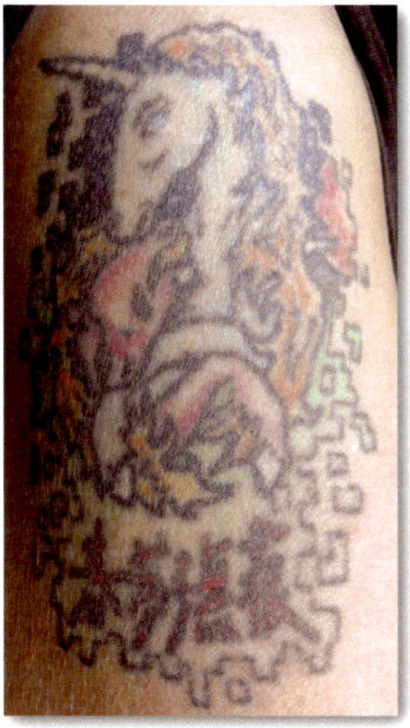

Tattoo by Geronimo & Flo

„Sie bedeuten: >Erwacht der Traum, ergibt sich seine Wirklichkeit dem Schlafe<. Somit ist nie erklärbar, was Traum, Phantasie, Realität sind. Vor allem nicht, was von all dem das *tatsächliche* Leben ist, das wir unser Eigen nennen. Nimm nur einen Spiegel und sieh hinein. Was siehst du?“
„Mein Spiegelbild.“
„Genau. Nur – was ist mit deinem Spiegelbild? Könnte es nicht *genau so* sein, dass dein Spiegelbild in den Spiegel sieht und *dich* darin erblickt. Somit bist du lediglich Abbild deines Spiegelbildes und nicht du selbst. Wer von euch beiden ist nun real. Du oder dein Spiegelbild?“ - - -
„Mein Lieber, wenn dein Traum erwacht, wie lange hat er dann wohl gedauert?“
„Eine Nacht lang. Normalerweise…“
„Wie lange dauert ein Traum aber wirklich?“
„Vom wissenschaftlichen Standpunkt aus lediglich einige Sekunden.“
„Siehst du! – Du meinst, du würdest dies alles nur träumen. Den ganzen Tag, den Flug, das Haus, mich, unser Zusammensein, meine Tochter, deinen Sohn, dies alles, jetzt und hier…?“
„Ja.“
„Dann nimm einfach zur Kenntnis, dass Träume die andere Realität sind. Medizinisch gesehen: Ein paar Sekunden Traum ergeben jede Menge an Stunden und Realität an Leben! Hier und jetzt! Das heißt allerdings auch, dass du in einem Verhältnis von 1:X lebst, wenn du wieder zurückgehst, ein Tag Aufenthalt *hier* bedeutet Mehr-Zeit bei den „anderen“. Das ist auch der Grund, warum ich nur mehr ganz sel-

ten und auch nur für wenige Stunden nach „drüben“ gehe. G’rade, um ein paar Kleinigkeiten zu erledigen. Und da wir ja „drüben“ – traumbedingt – weitaus schneller altern als hier, brauche ich jetzt einen sicheren Platz für den Karton meiner Tochter.“
„So einen Platz werde ich jetzt wohl auch brauchen“, denke ich, „und wenn ich wieder „drüben“ bin, dann werden alle um mich wohl um einiges älter erscheinen.“

Und dann spüre ich wieder ihre wunderbaren Hände an mir, und wir erlieben einander für den Rest des Nachmittags.

Anschließend bringen mich Karolyn und Sebastian zum Platz der niesenden Papiertaschentücher, ich gehe kurz zurück in die Wohnung, erledigte den nötigen Papierkram, um sie zu liquidieren, miete mit dem restlichen Geld ein kleines, trockenes Zimmer im Dachgeschoß des Hauses eines lieben Freundes, in das ich Sebastian’s und Karolyn’s Kartons stelle. Dann schließe ich von innen ab.

Glauben Sie mir, es ist ganz einfach.

Inzwischen haben wir bereits vier Kinder.
Sebastian, Karolyn, Konstantin, Paul.
Und für uns ist klar:
Wir bleiben.

Und wenn *Sie* nicht länger damit leben wollen, was Ihr Leben so bestimmend in Händen hält: Mobbing, Ausgeliefertsein an Vorgesetzte, Finanzämter und Behördenwahnsinn, Börsencrash und Insolvenzen, Kriege, Päpste, korrupte Politiker, neidische Nachbarn, steigende Steuern, Klimawandel, GroundZero, Umweltkatastrophen, aussterbende Tierwelt, verpackungsloser Zustelldienst …

… ***dann ist es an der Zeit!***

Trösten Sie sich nicht mit einer neuen Mikrowelle, einem neuen Haarfön oder einem protonenbefeuerten Flachbildfernseher, sondern kaufen Sie lieber einen der letzten, gut verpackten Kühlschränke für sich und ihre Kinder.
Denn eines ist sicher:

Kinder brauchen Riesenkartons. Und Sie auch ... !

(... und – *wo*, denken Sie, liebe Leserinnen und Leser, habe ich diese Geschichte wohl geschrieben? ...)

EPILOG

Ich bin Poet. Und mancher sagt leichthin: „Na und?“
Ein and’rer spottet einfach über unsereins,
als wär’ die Poesie nicht sein’s
und bleibt ein armer Hund. Warum?!

Wer nie der Poesie bedarf und sich dem Leben *so* ergibt,
der hat nie off’nen Aug’s geträumt
und hat im Leben *ein’s* versäumt –
dass er sein eigen Wesen liebt …

Diese zweite, erweiterte Auflage ist auch mir selbst gewidmet,
weil mir mein Leben unglaublich Spaß macht …